丛书编委会

丛书序

随着互联网教育技术的发展，借助数字仿真实训提高会计学习者的实际业务操作技能，提高会计专业教学效率和效果，成为十分必要的教学手段。

会计是商业的语言。会计工作有自身特定的流程、工作材料和信息传达工具。传统的书本知识的学习，使学习者具有了一定的专业理论基础、解决问题的思路和相对完整的背景知识。但常见的问题是，学习者离开课堂的初期，往往对工作中的账簿、凭证的处理乃至电算化软件、报税平台、网银平台的操作等具体工作望而生畏。财务人员在单位里承担着重要的责任，他们的任何差池都可能给单位带来实际的经济损失。培养学生“敢操作、会操作、做得好”的会计职业能力，是会计专业教育者义不容辞的责任。

在会计职业教育领域，学科带头人、骨干教师和教育实践针对理论教学与实践教学的一体化开展过各种有益的尝试。多年实践证明，真正的“理实一体化”教学解决方案，需要会计专业教师、数字教育技术人员、会计从业者和课程专家的相互协作，共同开发。

本套教材利用“学问通”在线实训平台，实现了会计专业的仿真教学、仿真实训和仿真操作，为广大师生提供了一套全新、实用的立体化创新教材，实现了学校教学与企业实务工作的无缝对接。

本套教材的创新主要体现在以下三个方面。

1. 课堂学习与企业实务无缝对接

本套教材从企业实际业务出发，采用“实训内容即工作内容，实训过程即工作过程”的编写思路，系统梳理了会计人员应知应会的核心知识与技能，精选企业典型会计业务作为实训业务，借助信息技术将会计工作中常见的单据及账证表全部仿真制作，学生可以在完全模拟企业会计工作场景的情况下进行实训，从而迅速具备会计上岗能力。

2. 理论教学与实训教学互相配套

本套教材涵盖职业院校会计专业的 8 门核心课程，既包括理论课教材，也包括实训课教材，且理论与实训互相对应、互相配套。学生学习完相关的理论，即可进行相应的实训，在巩固理论知识的同时强化实践能力培养。

本套教材的理论课教材包括《基础会计实务》《出纳实务》《财务会计分岗实务》《成本会计实务》《税务会计实务》《纳税实务》《审计实务》等，与之相对应，实训课教材包括《基础会计实训》《出纳实训》《财务会计分岗实训》《成本会计实训》《税务会计实训》《纳税实训》《审计实训》《企业会计全盘账模拟》。

3. 线下实操与线上实训同步进行

本套教材的理论课教材配有相应的在线学习账号，学生可以通过 APP 在线做题、观看资源、与教师进行课堂互动。实训课教材除全部使用仿真单据外，还配备相应的账证表，以便进行全仿真实训，同时配有在线实训账号，可以反复练习，实时比对答案。

纸质教材与在线平台的相互结合，既可以帮助学生进行线下的手工实操，强化会计技能训练；又可以充分发挥互联网的优势，增强教学互动、拓展课程资源种类，进行线上的反复实训，及时统计实训结果，提升教学效果。

本套教材的出版倾注了编写团队、课程开发团队的大量心血，衷心希望我们的创新能为我国会计职业教育的发展以及会计人才的培养作出贡献。

2017 年 6 月

前言

由于出纳工作需要具备较强的动手能力，在校学生以及没有从事过出纳工作的社会人员很难仅仅通过书本，就将出纳知识真正消化、掌握并融会贯通，因此大量的模拟、仿真训练显得尤为重要。本教材从企业出纳人员的实际岗位技能和工作流程出发，以模拟企业典型业务为背景，通过线上模拟系统对出纳人员应具备的基本技能分模块进行自主练习，并进行较为系统的讲解、分步演示，充分体现了“教、学、做一体化”的教学理念。

我们在编写过程中力求突出以下特点。

1. 高仿真性

本教材以真实的工作任务为载体设计内容，注重实用性，实训业务所涉及的各类原始单据、凭证、账簿，无论从样式、颜色、联次、印章等方面都力求高度仿真，配以线上练习，模拟出纳的实际工作环境，让学生有一种与出纳岗位零距离接触的真实业务体验。

2. 操作性强

本教材所有的实训业务均可在线上多次操作、反复练习，并专设网上银行业务的专项训练，真实模拟企业各类常见业务情境，从而提高学生的实际业务操作技能和从事出纳实际工作的动手能力，真正做到对出纳工作胸有成竹。

3. 实施任务驱动

本教材每一个模块均以典型工作任务为驱动，让学生在一定的任务情境中主动操作，并在线上分步骤讲解业务操作流程。为了能让学生系统掌握出纳专业知识，本教材在每笔业务中还配有关键知识点回顾、业务提示等栏目，将学生在实际操作中需要注意的易错事项及常见问题一网打尽。

4. 分模块式训练

本教材不追求经济业务的全面性，而是将出纳岗位涉及的常见经济业务划分为现金结算业务和银行结算业务两大模块，并辅以网上银行专项模块。每个模块均以企业典型业务为主线，根据相应的任务给出原始单据，通过学生主动动手操作业务，不断增强学生的自主工作意识，提升学生的岗位胜任能力。

本教材由山东商务职业学院姜亚琼担任主编，山东商务职业学院孙梁、辽宁经济职业技术学院佟昕担任副主编。参与本书编写的人员还有辽宁省营口市鲅鱼圈区中等职业技术专业学校郭丽、晋中职业技术学院高霞。本教材在编写过程中得到诸多企业、银行界专业人士的指导和帮助，借鉴和参考了相关资料，在此表示衷心的感谢。

本教材适合高职高专财经专业师生使用，也可作为社会工作人员自学用书。

由于编者水平有限，书中错误和缺点在所难免，欢迎广大读者批评指正。

2017 年 6 月

目录

第一部分

出纳常见业务单项实训

模拟企业营业执照、开户许可证、银行预留签章卡见下图。

营业执照

统一社会信用代码 913706002281956436

名　　称　山东吉贝食品有限公司

类　　型　有限责任公司

住　　所　烟台市芝罘区幸福中路166号

法定代表人　王拥军

注册资本　人民币伍佰万元整

成立日期　2016年08月01日

营业期限　2016年08月01日至2036年08月01日

经营范围　主要经营糕点、速冻食品、其他粮食加工品的生产、加工及销售。经营范围中涉及许可审批经营项目的，应在取得有关部门的许可后方可经营。

登记机关　烟台市工商行政管理局芝罘分局

2016年　08月　01日

企业信用信息公示系统网址：　　　　中华人民共和国国家工商行政管理总局监制

开户许可证

核准号：J3930023653498　　　　编　号：3902－23095622

经审核，山东吉贝食品有限公司　符合开户条件，准予开立基本存款账户。

法定代表人（单位负责人）王拥军　　开户银行 中国工商银行芝罘区幸福支行

账　号 29001321900077 10981

发证机关（盖章）

2016 年 08 月 01 日

（印章：人民银行营业管理部 账户管理专用章）

中国工商银行芝罘区幸福支行　预留签章卡

必填信息	账　号	29001321900077 10981	启用日期	2016 年 08 月 01 日
	户　名	山东吉贝食品有限公司	客户号	1000101
	联系电话	0535-6859332	邮　编	264001
	联系人	王拥军	地　址	烟台市芝罘区幸福中路166号
预留签章	（印章：山东吉贝食品有限公司 财务专用章；王拥军印）			

（旧预留签章卡装订于　　年　月　日凭证）本行共预留　　份预留签章卡

会计负责人：张丽红　　　　经办：赵捷

代号（兴会44）10×15=50K2003.6月版

模拟企业组织架构见下图。

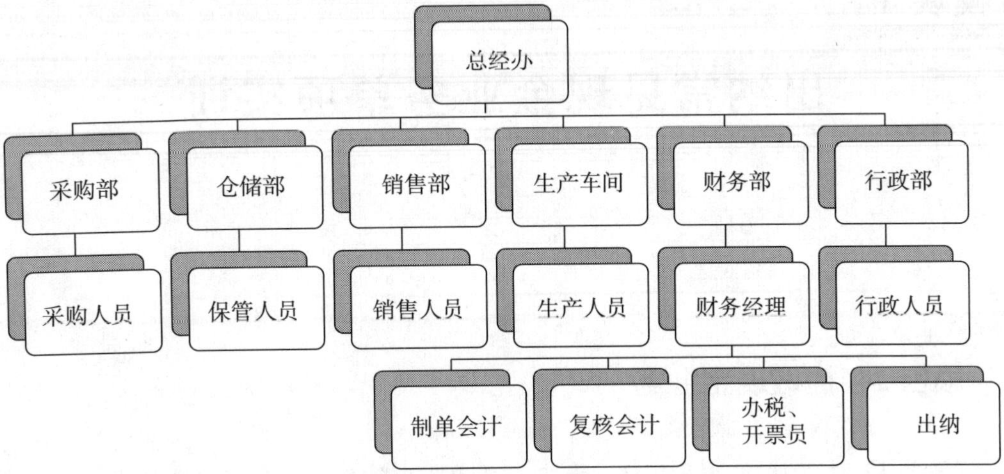

模拟企业与财务工作紧密相关的主要人员基本情况见下表。

山东吉贝食品有限公司主要人员基本情况表

序号	部门	职务	姓名
1	总经办	总经理	李茂林
2	财务部	财务经理	张丽红
3	财务部	制单会计	江林
4	财务部	复核会计	张娜
5	财务部	办税、开票员	孙华君
6	财务部	出纳	赵捷

模拟企业货币资金资料如下。

1. 开户银行（基本账户）

中国工商银行芝罘区幸福支行，账号：2900132190007710981

2. 开户银行（一般账户）

中国建设银行芝罘区幸福支行，账号：6287943665215999568

3. 库存现金日记账 8 月期末余额：3 655.50 元；

8 月累计借方发生额：125 417.50 元；8 月累计贷方发生额：121 762.00 元；

中国工商银行日记账 8 月期末余额：552 056.00 元；

8 月累计借方发生额：3 568 905.50 元；8 月累计贷方发生额：30 168 495.00 元；

中国建设银行日记账 8 月期末余额：244 720.00 元；

8 月累计借方发生额：453 482.00 元；8 月累计贷方发生额：208 762.00 元；

模块 1

出纳常见现金业务单项实训

项目 1　提取现金业务

【任务 1】　2016 年 9 月 2 日，山东吉贝食品有限公司财务部出纳员为支付日常零星开支，准备提取现金 5 000 元作为备用金。

【业务操作步骤】

1. 查询基本户银行存款余额。

实操提示：登录实训平台，进入“出纳实训”课程，点击“模拟网银”进行模拟查询操作。

2. 提出申请，经财务经理同意后，填写支票领用登记簿。

实操提示：见出纳实训单据簿（以下简称“单据簿”）第 1 页的支票领用登记簿（单据 1－1－1）。

3. 填写现金支票（正联、存根联）。

实操提示：见单据簿第 1 页的现金支票（单据 1－1－2）。

4. 现金支票经财务经理审核无误后，加盖银行预留印鉴。

5. 生成支付密码，填入支票密码框。

实操提示：登录实训平台，进入“出纳实训”课程，模拟使用支付密码器。此处假定生成的支付密码为 2253－9481 3761－4521。

6. 沿虚线将现金支票正联剪下，送交开户银行，办理提现手续。

7. 制单会计根据现金支票存根联编制记账凭证。

8. 根据审核无误的记账凭证登记库存现金日记账、银行存款日记账。

实操提示：库存现金日记账见单据簿第 57 页，银行存款日记账见单据簿第 59、60 页。

【业务提示 1】　出票日期必须使用中文大写，11 月前需加“壹”字，6 日前需加“零”字。大写金额应紧接“人民币”字样填写，不得留有空白。

【业务提示 2】　现金支票存根联的出票日期、金额用小写阿拉伯数字填写即可。小写金额需注意以下问题：①应在金额前添加人民币符号“¥”；②阿拉伯数字要一笔一画地填写，不要连写；③如金额以元、角结束的，将金额后面用“0”补齐，角、分处不要出现空白。

【关键知识点回顾 1】 出纳提取现金时，应先查询企业账户银行存款的余额，确定银行存款余额大于取款金额后，才能开具现金支票，以免开具空头支票。根据《中国人民银行票据管理实施办法》，签发空头支票由中国人民银行处以票面金额5%但不低于1 000元的罚款。持票人有权要求出票人赔偿支票金额2%的赔偿金。

【关键知识点回顾 2】 出票日期必须使用中文大写：零、壹、贰、叁、肆、伍、陆、柒、捌、玖、拾。

①年：年份应按阿拉伯数字表示的年份所对应的大写汉字书写。

②月：1月至9月前需加“零”，10月至12月前需加“壹”。

③日：1日至9日、10日、20日、30日前需加“零”；11日至19日前需加“壹”。

项目2　送存现金业务

【任务2】 2016年9月3日，山东吉贝食品有限公司财务部出纳员将企业当天的多余备用现金2 340元（其中100元的有10张、50元的有20张、20元的有15张、10元的有4张）送存银行。

【业务操作步骤】

1. 整理清点票币，填写现金存款凭条。

实操提示：见单据簿第1、2页的现金存款凭条（单据1-2-1和单据1-2-2）。

2. 制单会计根据银行受理后退回的现金存款凭条（客户核对联）编制记账凭证。

3. 根据审核无误的记账凭证登记库存现金日记账、银行存款日记账。

实操提示：库存现金日记账见单据簿第57页，银行存款日记账见单据簿第59、60页。

【业务提示 1】 向银行送存现金只编制现金付款凭证，不能编制银行收款凭证。

【业务提示 2】 送存途中必须注意安全。当送存金额较大时，最好使用专车，并派人护送。

项目3　收入现金业务

【任务3】 2016年9月8日，山东吉贝食品有限公司收到鑫泰商场业务员李青交来的现金350元，系该公司出租包装物收取的押金。

【业务操作步骤】

1. 当面点清现金，开具一式三联收款收据，第二联加盖财务专用章交付款人，第一、三联加盖现金收讫章。

实操提示：见单据簿第2、3页的收款收据（单据1-3-1至单据1-3-3）。

2. 制单会计根据收款收据（会计联）编制记账凭证。

3. 根据审核无误的记账凭证登记库存现金日记账。

实操提示：库存现金日记账见单据簿第57页。

【业务提示】 收入现金时应先收款，当面清点现金数额，复点无误后再将收款收据交给交款人，不能先开收据后收款。

【关键知识点回顾】 收款收据通常可分为三联式和两联式。一式三联的收款收据第一联为存根联，第二联为收据联（交款单位联），第三联为会计联（收款单位联），实际工作中使用较多。一式两联的收款收据无存根联，一联为收据联（交款单位联），一联为会计联（收款单位联）。

项目4 支付现金业务

一、主动支付现金业务

【任务4】 2016年9月10日，山东吉贝食品有限公司财务部会计把8月份员工困难补助发放表交给出纳员，拟用现金发放补助。

【业务操作步骤】

1. 审核8月困难补助发放表，计算出付款金额。

实操提示：见单据簿第3页的8月困难补助发放表（单据1-4-1）。

2. 根据付款金额清点现金，按个人分别装袋。

3. 提示领取现金员工当面清点现金，并在8月困难补助发放表上签字确认。

4. 在8月困难补助发放表上加盖现金付讫章。

5. 制单会计根据加盖现金付讫章的8月困难补助发放表编制记账凭证。

6. 根据审核无误的记账凭证登记库存现金日记账。

实操提示：库存现金日记账见单据簿第57页。

【业务提示】 出纳如果对外单位开具收款收据，交给付款单位的第二联必须加盖"财务专用章"，以明确双方的责任和义务。其他联次的盖章要求根据单位财务规章制度操作即可。通常情况下，收款单位记账的第一、三联次加盖现金收讫章或财务专用章都可以；如果对本单位内部人员开具收款收据，则全部加盖现金收讫章即可。

【关键知识点回顾】　出纳支付现金时，应先让领款人在相关领款单据上签字，然后再支付款项，付款时要唱付，最后在相关领款单据上加盖现金付讫章，证明款项支付完毕，防止重复支付。

二、被动支付现金业务

（一）预借差旅费业务

【任务5】　2016年9月12日，山东吉贝食品有限公司对销售部采用定额备用金制度，销售员王军持经领导审核签字的定额备用金申请表到财务部领取备用金2 000元，出纳以现金付讫。

【业务操作步骤】

1. 审核定额备用金申请表、借款单的内容是否完整、审批手续是否完备。

实操提示：见单据簿第4页的定额备用金申请表（单据1－5－1）和借款单（单据1－5－2）。

2. 审核无误后，在借款单上加盖现金付讫章。
3. 按照借款单金额支付现金，提示收款人当面清点。
4. 制单会计根据审核无误的定额备用金申请表、借款单编制记账凭证。
5. 根据审核无误的记账凭证登记库存现金日记账。

实操提示：库存现金日记账见单据簿第57页。

【业务提示】　对于初次使用定额备用金的部门和个人，需填制定额备用金申请表、借款单，但以后不再需要办理借款手续。借款单需经分管部门经理签字同意，再由财务负责人签字批准后，方可办理借款手续。定额备用金额度的确定由各部门负责人按实际工作岗位需要提出并交分管部门经理、财务经理、总经理签字确认；定额备用金的额度还可以根据业务需要定期调整。

【关键知识点回顾】　出纳支付款项不能以白条抵库。所谓“白条”，是指没有审批手续的凭据。因此，白条不能作为记账的依据。一旦使用白条支付现金，付出随意性大，容易产生挥霍浪费、挪用公款等问题，付出后不能及时进行账务处理，不便于进行财务管理。而且，“白条”一般不便于管理，一旦丢失，无据可查，难以分清责任，有时会给单位或个人造成不必要的损失。

（二）报销差旅费业务——定额备用金制度

【任务6－1】　承【任务5】，9月18日，销售员王军持差旅费报销单到财务部报销。其中烟台—大连机票金额为520元、大连—烟台机票金额为460元，市内交通费120元，住宿费计600元，伙食补贴50一天，共3天，合计150元。报销总金额1 850元。

【业务操作步骤】

1. 审核经领导签字的差旅费报销凭证。

实操提示：见单据簿第5、6页的差旅费报销单（单据1－6－1－1）、航空运输电子客票行程单（单据1－6－1－2和单据1－6－1－3）、增值税普通发票（单据1－6－1－4）、出租汽车专用发票（单据1－6－1－5）。

2. 在审核无误的报销凭证上加盖现金付讫章。

3. 按照报销金额支付现金以补足备用金，并要求销售员当面点清。

4. 制单会计根据审核无误的付款凭证编制记账凭证。

5. 根据审核无误的记账凭证登记库存现金日记账。

实操提示：库存现金日记账见单据簿第57页。

【业务提示】 报销发票的粘贴方法：发票应从左到右、从上到下，先小张后大张粘贴。粘贴时请使用胶水，切勿使用双面胶；粘贴的发票与粘贴单上下、左右对齐，不可超过粘贴单上下及左右边界，每张票据约错开1厘米的距离，使票据呈鱼鳞状分布。

【关键知识点回顾】 定额备用金的特点是：一次领用、定期报销、简化手续、补足定额；一般是在年终时进行一次清理，收回拨付的定额数，下一年度再根据实际需要重新规定定额，拨付现金。

（三）报销差旅费业务——非定额备用金制度

【任务6－2】 承【任务5】，若山东吉贝食品有限公司对销售部采用非定额备用金制度。9月18日，销售员王军到财务部报销差旅费1 850元。

【业务操作步骤】

1. 审核经领导签字的费用报销凭证。

实操提示：见单据簿第7页的差旅费报销单（单据1－6－2－1），其他与【任务6－1】背景单据相同。

2. 清点销售员交回的未用借款，并妥善保管。

3. 开具收款收据，并在第二联加盖财务专用章，第一、三联加盖现金收讫章。

实操提示：见单据簿第7、8页的收款收据（单据1－6－2－2至单据1－6－2－4）。

4. 制单会计根据审核无误的差旅费报销单、收款收据编制记账凭证。

5. 根据审核无误的记账凭证登记库存现金日记账。

说明：【任务6－1】已登记库存现金日记账，此处省略登记库存现金日记账。

【业务提示】 非定额备用金制度报销时，出纳在报销时应先查询报销人员的其他应收款明细账。对于实际支出额小于预借金额的，应收回多借的现金；对于实际支出大于预借金额的，应补给报销人员垫付的款项。

【关键知识点回顾】 非定额备用金随借随用，用后报销。报销时，凭发票等原始凭证一次性到财务部门报销，多退少补，一次结清，下次再用时需重新办理借款手续。

项目 5　库存现金清查

【任务 7】　9 月 20 日 17 时，山东吉贝食品有限公司财务部进行库存现金盘点，由出纳赵捷、盘点人会计江林共同进行清查，财务经理张丽红监督。发现实存金额比账面金额少 20 元。9 月 21 日，经查，以上现金短缺属于出纳员的责任，由其赔偿。当日，收到出纳员赔款 20 元。

【业务操作步骤】

1. 制单会计根据库存现金盘点表（见图 1－7－1）编制记账凭证。

库存现金盘点表

2016 年 09 月 20 日　　　　单位：山东吉贝食品有限公司

票面额	张数	金额	票面额	张数	金额
壹佰元	18	1 800.00	伍角	1	0.50
伍拾元	1	50.00	贰角		
贰拾元	2	40.00	壹角		
拾元			伍分		
伍元	1	5.00	贰分		
贰元			壹分		
壹元			合计	23	1 895.50
现金日记账账面余额：1 915.50					
差额：20					
处理意见：					

财务经理：张丽红　　监盘人员：江林　　出纳：赵捷

图 1－7－1　库存现金盘点表

2. 根据审核无误的记账凭证登记库存现金日记账。

实操提示：库存现金日记账见单据簿第 57 页。

3. 制单会计根据审批处理意见编制记账凭证。

4. 出纳交纳赔偿款，并填写收款收据，加盖现金收讫章。

实操提示：见单据簿第 9、10 页的收款收据（单据 1－7－1 至单据 1－7－3）。

5. 根据加盖现金收讫章的收款收据编制记账凭证。

6. 根据审核无误的记账凭证登记库存现金日记账。

实操提示：库存现金日记账见单据簿第 57 页。

【业务提示】　清查前，出纳员应确保所有业务均已入账后，清查人员再进行现金盘点。清查人员应按实地盘点法进行清查。现金清查时，出纳员需在场。编制的库存现金盘点表应由盘点人、出纳员、财务经理共同签字。

【关键知识点回顾】 清查时，一般应由会计盘点，出纳在场提供情况，积极配合，财务经理在场监督。清查后，应由清查人员填制库存现金盘点表，列明现金账存、实存和差异的金额，及时上报有关负责人。

项目 6 库存现金日记账月结

【任务 8】 9 月 30 日，出纳员对库存现金日记账进行月结。

【业务操作步骤】

1. 在当月最后一笔经济业务下面划一条通栏单红线。

2. 在下一行的“月”栏内填“9”，“日”栏内填“30”，摘要栏内注明“本月合计”字样；在“借方”“贷方”“余额”栏内分别填入本月合计数和月末余额，并在这一行下面再划一条通栏单红线。

3. 在“本月合计”栏下一行内的“月”栏内填“9”，“日”栏内填“30”，摘要栏内注明“本年累计”字样；在“借方”“贷方”“余额”栏内分别填入本年合计数和年末余额，并在这一行下面再划一条通栏双红线。

实操提示：库存现金日记账见单据簿第 57 页。

【业务提示】 月末，出纳应先将库存现金日记账与库存现金总账核对，无误后再进行月结。

【关键知识点回顾】 如果库存现金日记账登记发生错误，应将错误的文字或者数字划红线注销，但必须使原有的字迹仍可辨认，然后在画线上方填写正确的文字或数字，并由出纳员在更正处盖章或签名。

模块 2

出纳常见银行业务单项实训

项目 1　转账支票结算业务

【任务 1】　2016 年 9 月 4 日，山东吉贝食品有限公司收到青岛友谊百货有限公司业务员宋军送来的转账支票一张，以偿还公司前欠货款，金额为 105 300 元，出纳员当天送存银行。双方出纳办理相关业务。

付款方：青岛友谊百货有限公司

银行账户：中国工商银行青岛兴隆路支行 1298010002000388541

【业务操作步骤】

1. 查询银行存款余额。

2. 审核采购部送交的经领导审核签字的付款申请书（见图 2-1-1）。

付款申请书

2016 年 09 月 03 日

<table>
<tr><td>用途及情况</td><td colspan="11">金额</td><td colspan="4">收款单位（人）：山东吉贝食品有限公司</td></tr>
<tr><td rowspan="2">货款</td><td>亿</td><td>千</td><td>百</td><td>十</td><td>万</td><td>千</td><td>百</td><td>十</td><td>元</td><td>角</td><td>分</td><td colspan="4">账号：2900132190007710981</td></tr>
<tr><td></td><td></td><td>¥</td><td>1</td><td>0</td><td>5</td><td>3</td><td>0</td><td>0</td><td>0</td><td>0</td><td colspan="4">开户行：中国工商银行芝罘区幸福支行</td></tr>
<tr><td>金额大写（合计）</td><td colspan="11">壹拾万伍仟叁佰元整</td><td colspan="4">电汇：☐ 转账：☑ 汇票：☐ 网银：☐ 其他：☐</td></tr>
<tr><td rowspan="2">总经理</td><td rowspan="2" colspan="3">罗琳琳</td><td rowspan="2" colspan="3">财务部门</td><td colspan="2">经　理</td><td colspan="3">王涛</td><td rowspan="2">采购部门</td><td colspan="2">经　理</td><td>张远</td></tr>
<tr><td colspan="2">会　计</td><td colspan="3">李郦</td><td colspan="2">经 办 人</td><td>宋军</td></tr>
</table>

图 2-1-1　付款申请书

3. 签发转账支票，在出票人签章处加盖银行预留印鉴。

实操提示：见单据簿第 10 页的转账支票（单据 2-1-1）。

4. 生成支票密码，填入支票密码框。

实操提示： 此处假定支付密码器生成的密码为 2561－3241 6655－4322。

5. 制单会计根据转账支票的存根联编制记账凭证。

6. 出纳员根据审核无误的记账凭证登记银行存款日记账。

实操提示： 银行存款日记账见单据簿第 59、60 页。

7. 登记支票领用登记簿，让采购员在领用人处签章，将支票正联交采购员。

实操提示： 见单据簿第 1 页的支票领用登记簿（单据 1－1－1）。

【业务提示】 支票上印有“转账”字样的为转账支票。支票一旦填错，应重新开具。原支票需写上“作废”字样或加盖“作废”印章，并在支票领用登记簿的“用途”一栏写上“作废”；支票正联、存根联应存放在一起，保存好备查，切勿撕毁扔掉。

【关键知识点回顾】 用于签发支票的银行预留印鉴不能由出纳一人保管，一般应由主管会计或其他指定人员保管。各种印章应与现金的保管相同，不得随意放入抽屉内保管，不然极易给违法违纪人员可乘之机。

收款方：山东吉贝食品有限公司

银行账户：中国工商银行芝罘区幸福支行 2900132190007710981

【业务操作步骤】

1. 审核收到的转账支票。

2. 填写一式三联收款收据，第二联加盖财务专用章交付款方业务员。

实操提示： 见单据簿第 11、12 页的收款收据（单据 2－1－2 至单据 2－1－4）。

3. 在支票背面“被背书人”处填写本单位开户行名称，“背书人签章”处加盖本单位银行预留印鉴，并记载“委托收款”字样。

实操提示： 见单据簿第 12 页的转账支票（单据 2－1－5）。

4. 填写一式三联进账单。

实操提示： 见单据簿第 13 页的进账单（单据 2－1－6 至单据 2－1－8）。

5. 制单会计根据进账单（回单）、进账单（收账通知）、收款收据（会计联）编制记账凭证。

6. 根据审核无误的记账凭证登记银行存款日记账。

实操提示： 银行存款日记账见单据簿第 59、60 页。

【业务提示】 中国人民银行于 2007 年 6 月 25 日建成全国支票影像交换系统，实现了支票在全国范围内的互通使用，企事业单位和个人持任何一家银行的支票均可在境内所有地区办理支付，但支票上必须注明 12 位银行机构代码。

【关键知识点回顾】 收取支票时，应检查的项目包括：①检查支票上的大、小写金额是否一致；②检查收款人是否写的是全称、是否正确；③检查日期的填写是否符合规定；④检查签章是否清晰、正确；⑤检查支票是否超过了 10 天的提示付款期限。

项目 2　银行汇票结算业务

【任务 2】　2016 年 9 月 8 日，山东吉贝食品有限公司采购员到广州聚信食品包装机械有限公司购买滚动式真空包装机 2 台。双方约定采用银行汇票结算，设备自提。出纳员根据采购部填写的领导已审批的付款申请单办理 200 000 元银行汇票一张。9 月 11 日，广州聚信食品包装机械有限公司实际出售的 2 台设备价税合计 187 200 元，多余款项由银行自动退回，购货发票由采购员带回。双方出纳办理相关业务。

付款方：山东吉贝食品有限公司

【业务操作步骤】

1. 审核采购部送交的经领导审核签字的付款申请书（见图 2－2－1）。

付款申请书

2016 年 09 月 08 日

用途及情况	金额											收款单位（人）：广州聚信食品包装机械有限公司
支付货款	亿	千	百	十	万	千	百	十	元	角	分	账号：6221160019778815670
			¥	2	0	0	0	0	0	0	0	开户行：中国工商银行白云支行
金额大写（合计）	贰拾万元整											电汇：☐　转账：☐　汇票：☑　网银：☐　其他：☐

总经理	李茂林	财务部门	经　理	张丽红	采购部门	经　理	张晨
			会　计	张娜		经 办 人	王雨

图 2－2－1　付款申请书

2. 填写业务委托书，加盖银行预留印鉴，送交开户行。

实操提示： 见单据簿第 14 页的业务委托书（单据 2－2－1）。

3. 银行柜员查验资金，从企业银行账户扣除款项及银行汇票手续费，签发银行汇票。

4. 银行柜员将办理好的银行汇票第二联、第三联、业务委托书（回执）、手续费支付凭证（见图 2－2－2）一并交出纳员。

实操提示： 见单据簿第 15 页的银行汇票第二联（单据 2－2－3）、第 17 页的银行汇票第三联（单据 2－2－7）。

5. 制单会计根据业务委托书（回执）及手续费支付凭证编制记账凭证。

6. 根据审核无误的记账凭证登记银行存款日记账。

ICBC 中国工商银行 业务回单（付款）

日期：2016年 09月 08日　　回单编号：1534900002

付款人户名：山东吉贝食品有限公司　　付款人开户行：中国工商银行芝罘区幸福支行

付款人账号（卡号）：29001321900077l0981

收款人户名：　　收款人开户行：

收款人账号（卡号）：

金额：壹元伍角整　　小写：1.50元

业务（产品）种类：结算业务凭证　　凭证种类：000000000　　凭证号码：000000000000000000

摘要：手续费　　用途：　　币种：人民币

交易机构：0410000292　记账柜员：03741　交易代码：　　渠道：柜面

产品名称：　　费用名称：

应收金额：1.50　实收金额：1.50　收费渠道：

本回单为第一次打印，注意重复　　打印日期：2016年 09月 08日　　打印柜员：9　验证码：0A87640EF006

（印章：中国工商银行芝罘区幸福支行 业务专用章 (1)）

图 2-2-2　手续费支付凭证

实操提示：银行存款日记账见单据簿第 59、60 页。

7. 登记银行汇票登记簿，并让采购员在“领用人”处签章。

实操提示：见单据簿第 14 页的银行汇票登记簿（单据 2-2-2）。

8. 将银行汇票和解讫通知交采购员前往异地办理结算。

9. 9 月 11 日，制单会计根据银行转来的银行汇票（多余款收账通知）（见图 2-2-3）编制记账凭证。

中国工商银行

银行汇票（多余款收账通知）　4　　68791083　30583900

出票日期（大写）：贰零壹陆 年 零玖 月 零捌 日　　代理付款行：中国工商银行芝罘区幸福支行　行号：

收款人：广州聚信食品包装机械有限公司

出票金额 人民币（大写）：贰拾万元整　　¥200000.00

实际结算金额 人民币（大写）：壹拾捌万柒仟贰佰元整

亿	千	百	十	万	千	百	十	元	角	分
		¥	1	8	7	2	0	0	0	0

申请人：山东吉贝食品有限公司　　账号：29001321900077l0981

出票行：中国工商银行芝罘区幸福支行　　行号：103321789023

备注：支付货款

出票行签章　　（印章：103321789023 汇票专用章）　周丹丹

2016 年 09 月 08 日

密押：

多余金额

千	百	十	万	千	百	十	元	角	分
		¥	1	2	8	0	0	0	0

左列退回多余金额已收入你账户内。

（印章：中国工商银行芝罘区幸福支行 2016.09.11 业务办讫章）

提示付款期限自出票之日起壹个月

此联出票行作多余款后交申请人

图 2-2-3　银行汇票（多余款收账通知）

10. 根据审核无误的记账凭证登记银行存款日记账。

实操提示：银行存款日记账见单据簿第 59、60 页。

【业务提示】 在用银行汇票购买货物并办理结算时，应等到签发银行转来的银行汇票第四联，即多余款收账通知后，将“实际结算金额”栏的实际结算金额和收款方转来的发票账单等原始凭证上的实际结算金额核对相符，然后再据以编制记账凭证。

【关键知识点回顾】 银行汇票一式四联：第一联为“卡片”，为承兑行支付票款时作付出传票，由银行留存；第二联为“银行汇票”，与第三联“解讫通知”一并由汇款人自带异地采购；第三联为“解讫通知”，由收款人开户银行保留；第四联为“多余款收账通知”，在签发行结清后交汇款人。

收款方：广州聚信食品包装机械有限公司

【业务操作步骤】

1. 审核银行汇票，登记银行汇票登记簿。

实操提示：见单据簿第 14 页的银行汇票登记簿（单据 2－2－2）。

2. 根据增值税专用发票（见图 2－2－4），将实际结算金额和多余金额填入银行汇票。

1300215600 广东增值税专用发票 № 23012199 1300215600 23012199
此联不作报销、扣税凭证使用
校验码 12561 56312 39012 382 开票日期：2016年09月08日

购买方	名称：山东吉贝食品有限公司 纳税人识别号：913706002281956436 地址、电话：烟台市芝罘区幸福中路166号 0535-6859332 开户行及账号：中国工商银行芝罘区幸福支行 2900132190007710981				密码区	-65745<19458<3840481700**27 5/37503848*7>234504>-00*908 2//5>*8574567-7<8*87309-045 <413-3001152-/7142>>8088037	
货物或应税劳务、服务名称	规格型号	单位	数量	单价	金额	税率	税额
滚动式真空包装机		台	2	80000.00	160000.00	17%	27200.00
合计					¥160000.00		¥27200.00
价税合计（大写）	⊗壹拾捌万柒仟贰佰元整				（小写）¥187200.00		
销售方	名称：广州聚信食品包装机械有限公司 纳税人识别号：91440100210027881N 地址、电话：广州市白云区银江路26号 020-81972530 开户行及账号：中国工商银行白云支行 6221160019778815670				备注	91440100210027881N 发票专用章	

收款人： 复核： 开票人：王军 销售方：（章）

第一联：记账联 销售方记账凭证

图 2－2－4 增值税专用发票

实操提示：见单据簿第 15 页的银行汇票第二联（单据 2－2－3）。

3. 在银行汇票背面“持票人向银行提示付款签章”处加盖银行预留印鉴。

4. 填写一式三联进账单，连同银行汇票、解讫通知一并送交开户银行办理收款入账手续。

实操提示：见单据簿第 15～17 页的进账单（单据 2－2－4 至单据 2－2－6）、银行汇票（解讫通知）（单据 2－2－7）。

5. 制单会计根据进账单、增值税专用发票、产品出库单（见图 2－2－5）编制记账凭证。

出 库 单

出货单位：广州聚信食品包装机械有限公司　　2016 年 09 月 11 日　　单号：5601351

提货单位或领货部门	山东吉贝食品有限公司	销售单号	2367109		发出仓库	仓库一	出库日期	2016-09-11
编号	名称及规格	单位	数量 应发	数量 实发	单价	金额		备注
	滚动式真空包装机	台	2	2	80,000.00	160,000.00		
	合计		2	2	80,000.00	160,000.00		

会计联

部门经理：李燕　　会计：吴新　　仓库：周慧　　经办人：王俊

广州聚信食品包装机械有限公司 财务专用章

图 2－2－5　出库单

6. 根据审核无误的记账凭证登记银行存款日记账。

实操提示：银行存款日记账见单据簿第 59、60 页。

【业务提示】　“银行汇票”联和“解讫通知”联缺少其中任何一联均不能在兑付银行办理兑付。

【关键知识点回顾】　银行汇票一律记名，付款期为 1 个月。单位持银行汇票购货，凡在汇票的汇款金额之内的，可根据实际采购金额办理支付，多余款项将由银行自动退回。这样可以有效地防止交易尾欠的发生。

项目 3　银行本票结算业务

【任务 3】　2016 年 9 月 12 日，山东吉贝食品有限公司向烟台振华集团销售速冻水饺礼盒 600 盒（单价 200 元/盒），增值税税率为 17%。按照采购合同要求，需收对方 50%的预付款 70 200 元，采用银行本票方式办理结算。双方出纳办理相关业务。

付款方：烟台振华集团

【业务操作步骤】

1. 填写业务委托书，加盖银行预留印鉴。

实操提示：见单据簿第 17 页的业务委托书（单据 2－3－1）。

2. 银行柜员查验资金，从企业银行账户扣除款项及银行本票手续费，签发银行本票。

3. 制单会计根据业务委托书（回执）及手续费支付凭证（见图 2－3－1）编制记账凭证。

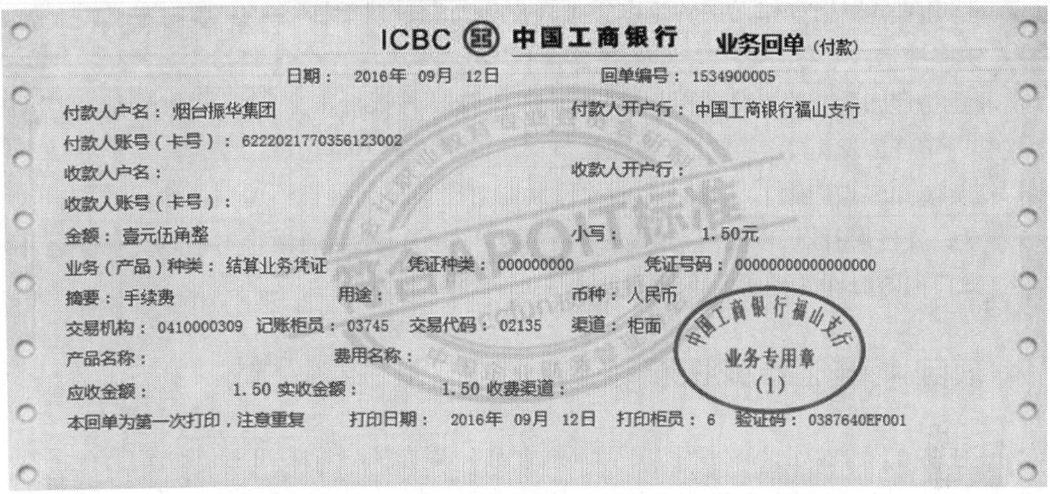
ICBC 中国工商银行　业务回单（付款）

日期： 2016年 09月 12日　回单编号： 1534900005

付款人户名： 烟台振华集团　付款人开户行： 中国工商银行福山支行

付款人账号（卡号）： 6222021770356123002

收款人户名：　收款人开户行：

收款人账号（卡号）：

金额： 壹元伍角整　小写： 1.50元

业务（产品）种类： 结算业务凭证　凭证种类： 000000000　凭证号码： 0000000000000000

摘要： 手续费　用途：　币种： 人民币

交易机构： 0410000309　记账柜员： 03745　交易代码： 02135　渠道： 柜面

产品名称：　费用名称：

应收金额： 1.50 实收金额： 1.50 收费渠道：

本回单为第一次打印，注意重复　打印日期： 2016年 09月 12日　打印柜员： 6　验证码： 0387640EF001

中国工商银行福山支行 业务专用章 (1)

图 2－3－1　手续费支付凭证

4. 根据审核无误的记账凭证登记银行存款日记账。

实操提示： 银行存款日记账见单据簿第 59、60 页。

5. 登记银行本票登记簿，并让采购员在“领用人”处签章后交付。

实操提示： 见单据簿第 18 页的银行本票登记簿（单据 2－3－2）。

6. 采购员将银行本票交付销货单位。

【业务提示】　由于银行本票见票即付，流动性极强，银行不予挂失，所以必须妥善保管。一旦遗失或被窃、被人冒领款项，后果由银行本票持有人自负。如果遗失银行本票，且付款期满一个月确未冒领的，可以到银行办理退款手续。

【关键知识点回顾】　银行本票结算适用于单位和个人在同一票据交换区域内的商品交易、劳务供应以及其他款项的结算。一律记名，允许背书转让；如果银行本票的签发人在银行本票的正面注有“不准转让”字样，则该本票就不能背书转让。付款期自出票日起最长不超过两个月（不分大月小月，统按次月对日计算，到期日遇节假日顺延）。

收款方：山东吉贝食品有限公司

【业务操作步骤】

1. 审核收到的银行本票。

2. 在银行本票背面“持票人向银行提示付款签章”处加盖银行预留印鉴。

实操提示： 见单据簿第 18 页的银行本票第二联（单据 2－3－3）。

3. 填写一式三联进账单，连同银行本票一并送交开户银行办理收款入账手续。

实操提示：见单据簿第 19 页的进账单（单据 2－3－4 至单据 2－3－6）。

4. 制单会计根据银行退回的加盖“转讫”章的进账单（回单联和收账通知联）编制记账凭证。

5. 出纳员根据审核无误的记账凭证登记银行存款日记账。

实操提示：银行存款日记账见单据簿第 59、60 页。

【业务提示】 银行本票可以用于转账，转账的银行本票可以背书转让。注明“现金”字样的银行本票可以用于支取现金，但不得背书转让。

【关键知识点回顾】 银行本票的付款期自出票日起最长不超过两个月（不分大月小月，统按次月对日计算，到期日遇节假日顺延）。逾期的银行本票，兑付银行不予受理，但可以在签发银行办理退款。

项目 4　电汇结算业务

【任务 4】 2016 年 9 月 15 日，山东吉贝食品有限公司采用电汇方式支付前欠潍坊盛丰面粉厂高筋小麦粉购货款 93 600 元。双方出纳办理相关业务。

付款方：山东吉贝食品有限公司

【业务操作步骤】

1. 出纳员审查已签字审核的付款申请书（见图 2－4－1）

付款申请书

2016 年9 月15日

用途及情况	金额											收款单位（人）：潍坊盛丰面粉厂
支付贷款	亿	千	百	十	万	千	百	十	元	角	分	账号：6222082339012056243
					9	3	6	0	0	0	0	开户行：中国工商银行寒亭支行
金额大写（合计）	玖万叁仟陆佰元整											电汇：☑ 转账：☐ 汇票：☐ 网银：☐ 其他：☐

总经理	李茂林	财务部门	经　理	张丽红	采购部门	经　理	张晨
			会　计	张娜		经 办 人	王雨

图 2－4－1

2. 填写业务委托书，加盖银行预留印鉴。

实操提示：见单据簿第 20 页的业务委托书（单据 2－4－1）。

3. 开户银行根据业务委托书办理汇款，并按规定收取手续费；将加盖转讫章的业务委托书回执、手续费支付凭证（见图 2－4－2）退申请人。

4. 制单会计根据银行退回的业务委托书回执、手续费支付凭证（见图 2－4－2）编制记账凭证。

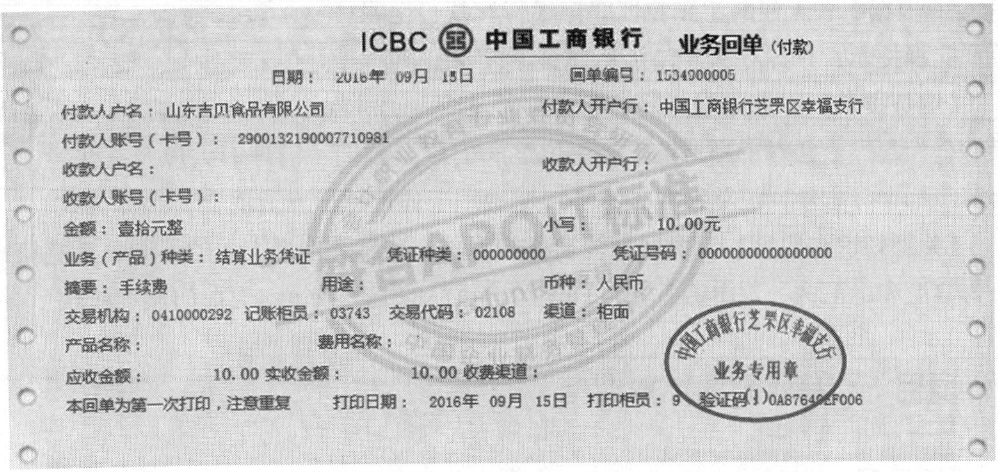

ICBC 中国工商银行　业务回单（付款）

日期：2016年09月15日　回单编号：1534900005

付款人户名：山东吉贝食品有限公司　付款人开户行：中国工商银行芝罘区幸福支行

付款人账号（卡号）：2900132190007710981

收款人户名：　收款人开户行：

收款人账号（卡号）：

金额：壹拾元整　小写：10.00元

业务（产品）种类：结算业务凭证　凭证种类：000000000　凭证号码：0000000000000000

摘要：手续费　用途：　币种：人民币

交易机构：0410000292　记账柜员：03743　交易代码：02108　渠道：柜面

产品名称：　费用名称：

应收金额：10.00　实收金额：10.00　收费渠道：

本回单为第一次打印，注意重复　打印日期：2016年09月15日　打印柜员：9　验证码：0A87640EF006

中国工商银行芝罘区幸福支行　业务专用章　(1)

图 2-4-2　手续费支付凭证

5. 根据审核无误的记账凭证登记银行存款日记账。

实操提示： 银行存款日记账见单据簿第 59、60 页。

【业务提示】　到银行办理汇兑手续前，需先取得收款方单位全称和银行账户信息，并查询开户行银行存款余额是否足够。

【关键知识点回顾】　办理电汇后，如果发现电汇金额填错，银行无法撤销。出纳应及时主动与收款方取得联系，双方协商解决。

收款方：潍坊盛丰面粉厂

【业务操作步骤】

1. 审核银行转来的电汇收账通知联（见图 2-4-3），查询款项是否收到。

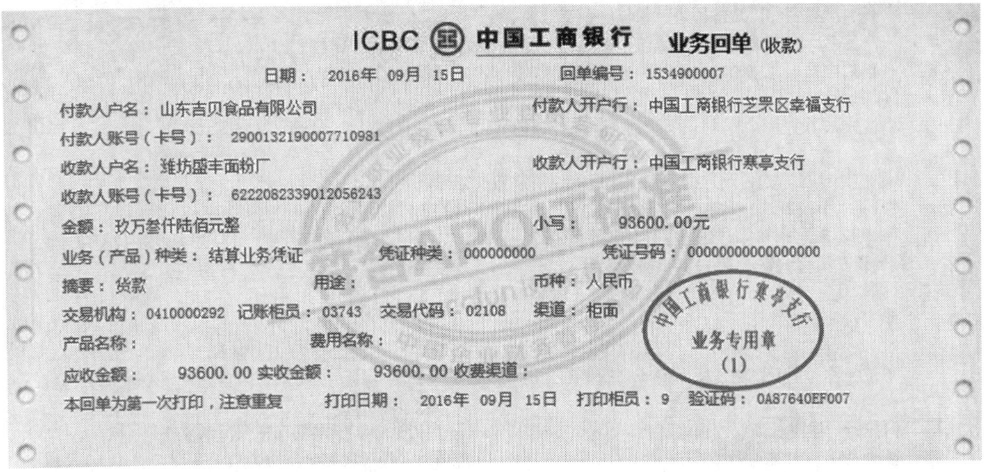

ICBC 中国工商银行　业务回单（收款）

日期：2016年09月15日　回单编号：1534900007

付款人户名：山东吉贝食品有限公司　付款人开户行：中国工商银行芝罘区幸福支行

付款人账号（卡号）：2900132190007710981

收款人户名：潍坊盛丰面粉厂　收款人开户行：中国工商银行寒亭支行

收款人账号（卡号）：6222082339012056243

金额：玖万叁仟陆佰元整　小写：93600.00元

业务（产品）种类：结算业务凭证　凭证种类：000000000　凭证号码：0000000000000000

摘要：货款　用途：　币种：人民币

交易机构：0410000292　记账柜员：03743　交易代码：02108　渠道：柜面

产品名称：　费用名称：

应收金额：93600.00　实收金额：93600.00　收费渠道：

本回单为第一次打印，注意重复　打印日期：2016年09月15日　打印柜员：9　验证码：0A87640EF007

中国工商银行寒亭支行　业务专用章　(1)

图 2-4-3　电汇收账通知联

2. 制单会计根据电汇收账通知联编制记账凭证。

3. 根据审核无误的记账凭证登记银行存款日记账。

实操提示：银行存款日记账见单据簿第 59、60 页。

【业务提示】 汇兑结算属于汇款人向异地主动付款的一种结算方式。汇兑结算没有金额起点。它对于异地上下级单位之间的资金调剂、清理旧欠以及往来款项的结算等都十分方便。汇兑结算方式还广泛地用于先汇款后发货的交易结算方式。

【关键知识点回顾】 根据划转款项的不同方法以及传递方式的不同，汇兑可以分为信汇和电汇两种，由汇款人自行选择。信汇的速度较慢，电汇的速度较快。

项目 5 商业汇票结算业务

【任务 5】 2016 年 9 月 20 日，山东吉贝食品有限公司从烟台扬天电子科技有限公司购买 H6030 台式电脑 20 台，6 500 元/台，价款为 130 000 元，增值税税率 17%，取得增值税专用发票，电脑已验收入库。双方约定采用银行承兑汇票结算，期限为 3 个月，由付款方签发，银行要求的保证金比例为 30%。双方出纳办理相关业务。

付款方：山东吉贝食品有限公司

【业务操作步骤】

1. 根据购销合同（见图 2－5－1）填制银行承兑汇票申请书，加盖银行预留印鉴。

购 销 合 同

甲方：烟台扬天电子科技有限公司　　合同编号：3456782305
乙方：山东吉贝食品有限公司　　签订日期：2016-09-20

甲、乙双方友好协商，以自愿、平等互利为原则，根据《中华人民共和国合同法》，双方达成如下协议：

一、产品名称、规格型号、单位、数量、金额。

产品名称	规格型号	单位	数量	单价（元）	总金额（含税）
台式电脑	H6030	台	20	6 500.00	152 100.00

合计人民币金额（大写）：壹拾伍万贰仟壹佰元整　　合计：￥152 100.00

二、结算方式：双方约定采用银行承兑汇票方式结算。

三、争议解决：本协议发生争议，双方以友好协商的方式解决。

四、其他：本合同自双方签字盖章后生效，正本一式两份，甲乙双方各执一份，合同原件及签章传真件具有同等法律效力，有效期2年。

甲方　　乙方

单位名称（章）：烟台扬天电子科技有限公司　　单位名称（章）：山东吉贝食品有限公司
电话：0535-6[illegible]29355　　电话：0[illegible]35[illegible]6859[illegible]32
开户行：中国工商银行福[illegible]支行　　开户行：中国工商银行芝罘区幸福支行
账号：62220289[illegible]23671221　　账号：2[illegible]3211[illegible]007710981

合同专用章　　合同专用章

图 2－5－1　购销合同

实操提示： 见单据簿第 21 页的银行承兑汇票申请书（单据 2-5-1）。

2. 填写银行承兑协议，加盖银行预留印鉴，并开具转账支票存入保证金。

银行承兑保证金账户主要用于核算签发银行承兑汇票转入的保证金，属于内部账户。

实操提示： 见单据簿第 22 页的银行承兑协议（单据 2-5-2）、转账支票（单据 2-5-3）。

3. 将银行承兑汇票申请书、银行承兑协议及相关资料（购销合同、增值税专用发票见图 2-5-2、经年检的贷款卡等）一并送交开户银行。

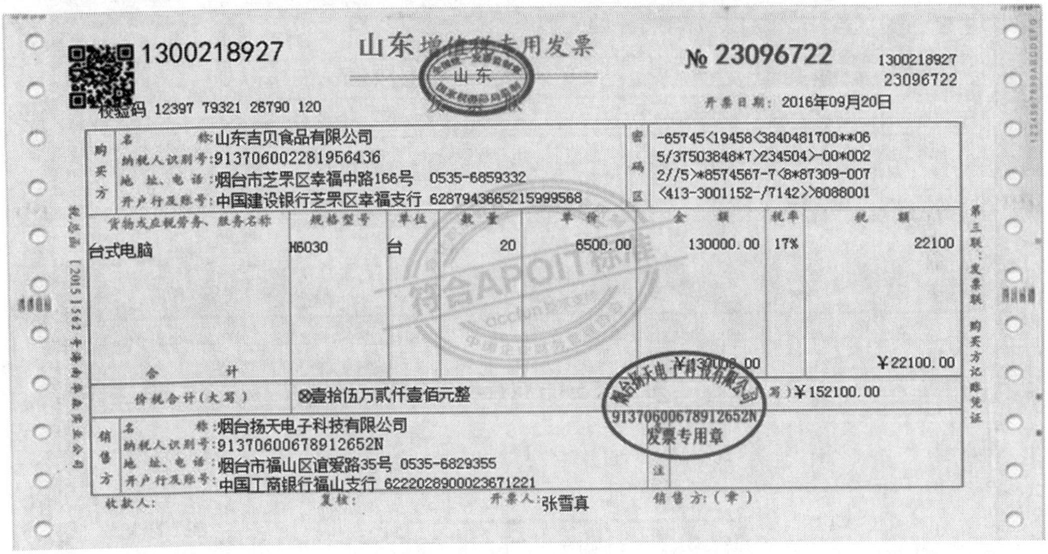

1300218927　山东增值税专用发票　№ 23096722　1300218927　23096722

校验码 12397 79321 26790 120　开票日期：2016年09月20日

购买方	名　称：山东吉贝食品有限公司 纳税人识别号：913706002281956436 地址、电话：烟台市芝罘区幸福中路166号 0535-6859332 开户行及账号：中国建设银行芝罘区幸福支行 6287943665215999568
密码区	-65745<19458<3840481700**06 5/37503848*7>234504>-00*002 2//5>*8574567-7<8*87309-007 <413-3001152-/7142>>6088001

货物或应税劳务、服务名称	规格型号	单位	数量	单价	金额	税率	税额
台式电脑	H6030	台	20	6500.00	130000.00	17%	22100
合计					¥130000.00		¥22100.00
价税合计（大写）	⊗壹拾伍万贰仟壹佰元整				（小写）¥152100.00		

销售方	名　称：烟台扬天电子科技有限公司 纳税人识别号：91370600678912652N 地址、电话：烟台市福山区谊爱路35号 0535-6829355 开户行及账号：中国工商银行福山支行 6222028900023671221
备注	

收款人：　复核：　开票人：张雪真　销售方：（章）

第三联：发票联　购买方记账凭证

图 2-5-2　增值税专用发票

4. 委托开户银行承兑，银行柜员按照规定审查后，收取 0.5‰的承兑手续费（见图 2-5-3）。

NO.

中国建设银行 China Construction Bank　中国建设银行单位客户专用回单

币别：人民币　2016 年09月20日　流水号：20-34R54E232160012

付款人	全称	山东吉贝食品有限公司	收款人	全称	中国建设银行芝罘区幸福支行
	账号	6287943665215999568		账号	
	开户行	中国建设银行芝罘区幸福支行		开户行	
金额		(大写) 柒拾陆元零伍分			(小写)¥76.05
凭证种类		结算业务凭证	凭证号码		
结算方式			用途		支付承兑手续费

中国建设银行芝罘区幸福支行　业务专用章　(1)

图 2-5-3　手续费支付凭证

5. 银行签发一式三联银行承兑汇票，并退回第二联（见图 2-5-4）、第三联（见图 2-5-5）及银行承兑协议第二联。

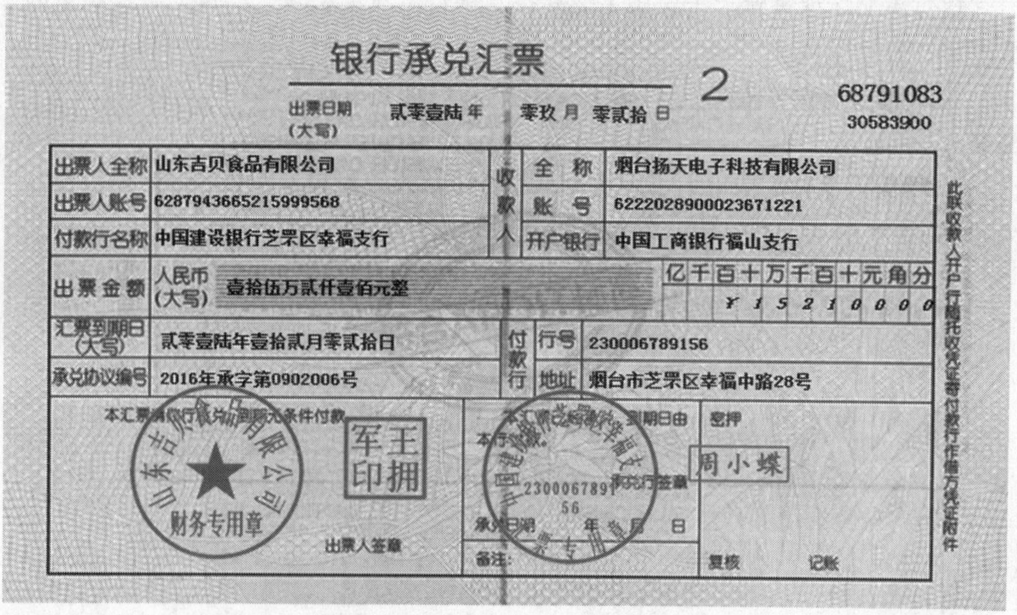

银行承兑汇票 2

出票日期（大写） 贰零壹陆 年 零玖 月 零贰拾 日

68791083
30583900

出票人全称	山东吉贝食品有限公司	收款人	全　称	烟台扬天电子科技有限公司
出票人账号	6287943665215999568		账　号	6222028900023671221
付款行名称	中国建设银行芝罘区幸福支行		开户银行	中国工商银行福山支行
出票金额	人民币（大写） 壹拾伍万贰仟壹佰元整		亿千百十万千百十元角分	￥15210000
汇票到期日（大写）	贰零壹陆年壹拾贰月零贰拾日	付款行	行号	230006789156
承兑协议编号	2016年承字第0902006号		地址	烟台市芝罘区幸福中路28号

本汇票请你行承兑，到期无条件付款。　出票人签章

本汇票已经承兑，到期日由本行付款。　承兑行签章　承兑日期　年　月　日　备注：

密押　周小蝶　复核　记账

此联收款人开户行随托收凭证寄付款行作借方凭证附件

图 2-5-4　银行承兑汇票

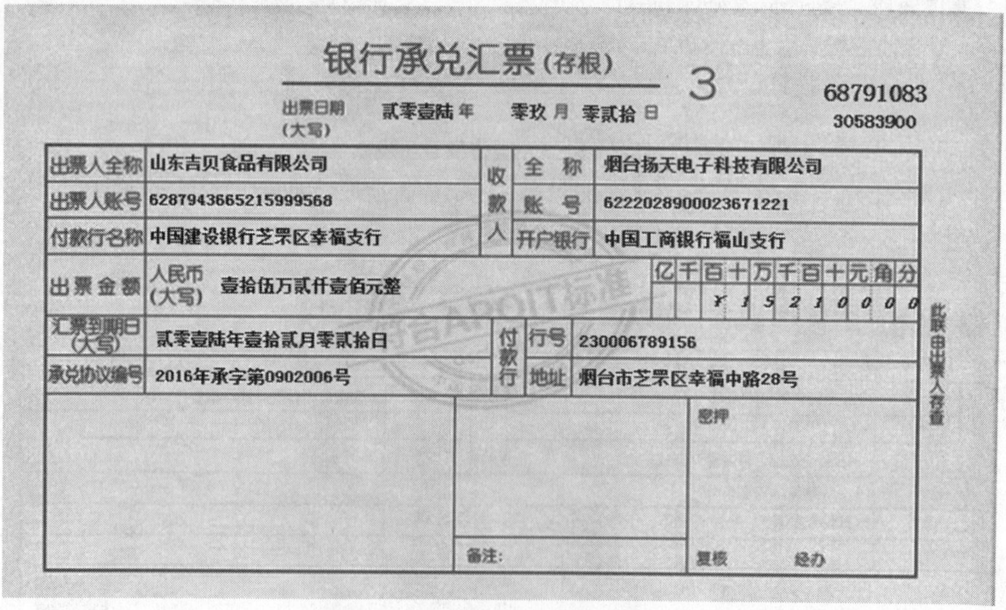

银行承兑汇票（存根） 3

出票日期（大写） 贰零壹陆 年 零玖 月 零贰拾 日

68791083
30583900

出票人全称	山东吉贝食品有限公司	收款人	全　称	烟台扬天电子科技有限公司
出票人账号	6287943665215999568		账　号	6222028900023671221
付款行名称	中国建设银行芝罘区幸福支行		开户银行	中国工商银行福山支行
出票金额	人民币（大写） 壹拾伍万贰仟壹佰元整		亿千百十万千百十元角分	￥15210000
汇票到期日（大写）	贰零壹陆年壹拾贰月零贰拾日	付款行	行号	230006789156
承兑协议编号	2016年承字第0902006号		地址	烟台市芝罘区幸福中路28号

备注：　密押　复核　经办

此联由出票人存查

图 2-5-5　银行承兑汇票（存根）

6. 制单会计根据银行退回的银行承兑协议第二联、手续费支付凭单、银行承兑汇票第三联编制记账凭证。

7. 根据银行承兑汇票第三联登记应付票据备查登记簿，并交付销货方。

实操提示：见单据簿第 23 页的应付票据备查登记簿（单据 2－5－4）。

8. 制单会计根据银行承兑汇票第三联、验收入库单（见图 2－5－6）、增值税专用发票编制记账凭证。

入　库　单

2016 年 09 月 20 日　　　　单号 30583900

交来单位及部门	烟台扬天电子科技有限公司	验收仓库	仓库一	入库日期	2016-09-20			
编号	名称及规格	单位	数量		实际价格		财务联
			交库	实收	单价	金额	
H6030	台式电脑	台	20	20	6500.00	130000.00	
合计			20	20	6500.00	130000.00	

财务经理：张丽红　　仓库主管：李田　　经办人：刘静　　制单人：王晨晨

图 2－5－6　入库单

9. 将银行承兑汇票寄送销货方。

10. 根据审核无误的记账凭证登记银行存款日记账。

实操提示：银行存款日记账见单据簿第 59、60 页。

【业务提示】　付款方按照双方签订的合同的规定，签发银行承兑汇票。银行承兑汇票一式三联，第一联为卡片，由承兑银行支付票款时作付出传票；第二联由收款人开户行向承兑银行收取票款时作联行往来账付出传票；第三联为存根联，由签发单位编制有关凭证。

【关键知识点回顾】　申请办理银行承兑汇票的客户必须具备下列条件：①在承兑银行开立存款账户，并依法从事经营活动的法人及其他组织；②具有支付银行承兑汇票金额的可靠资金来源；③近两年在开户银行无不良贷款、欠息及其他不良信用记录。

收款方：烟台扬天电子科技有限公司

【业务操作步骤】

1. 审核收到的银行承兑汇票，登记应收票据备查登记簿，并妥善保管。

实操提示：见单据簿第 23 页的应收票据备查登记簿（单据 2－5－5）。

2. 开具收款收据并加盖财务专用章，交于付款方。

实操提示：见单据簿第 23、24 页的收款收据（单据 2－5－6 至单据 2－5－8）。

3. 复印银行承兑汇票正反两面，作附件留底。

4. 制单会计根据增值税专用发票（见图 2－5－7）、产品出库单（见图 2－5－8）、银行承兑汇票复印件、收款收据（会计联）编制记账凭证。

5. 根据审核无误的记账凭证登记银行存款日记账。

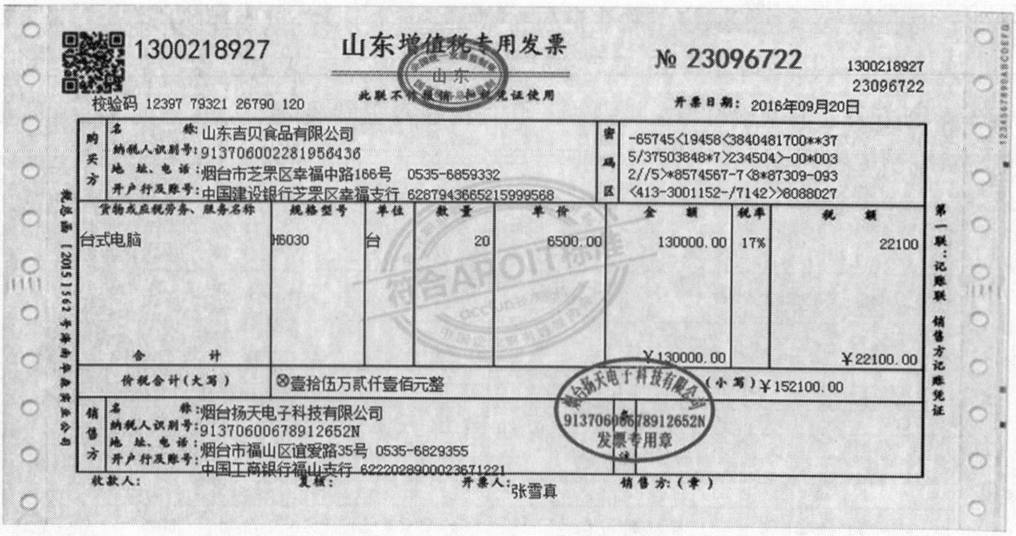

1300218927　　山东增值税专用发票　　№ 23096722　　1300218927 23096722

此联不作报销、扣税凭证使用

校验码 12397 79321 26790 120　　开票日期：2016年09月20日

购买方	名称：山东吉贝食品有限公司 纳税人识别号：913706002281956436 地址、电话：烟台市芝罘区幸福中路166号 0535-6859332 开户行及账号：中国建设银行芝罘区幸福支行 6287943665215999568	密码区	-65745<19458<3840481700**37 5/37503848*7>234504>-00*003 2//5>*8574567-7<8*87309-093 <413-3001152-/7142>>8088027

货物或应税劳务、服务名称	规格型号	单位	数量	单价	金额	税率	税额
台式电脑	H6030	台	20	6500.00	130000.00	17%	22100
合计					¥130000.00		¥22100.00
价税合计（大写）	⊗壹拾伍万贰仟壹佰元整				（小写）¥152100.00		

销售方	名称：烟台扬天电子科技有限公司 纳税人识别号：91370600678912652N 地址、电话：烟台市福山区谊爱路35号 0535-6829355 开户行及账号：中国工商银行福山支行 6222028900023671221	备注	

收款人：　　复核：　　开票人：张雪真　　销售方：（章）

第一联：记账联　销售方记账凭证

图 2-5-7　增值税专用发票

出　库　单

出货单位：烟台扬天电子科技有限公司　　2016 年 09 月 20 日　　单号：2309116

提货单位或领货部门	山东吉贝食品有限公司	销售单号	2308276	发出仓库	仓库一	出库日期	2016-09-20

编号	名称及规格	单位	数量 应发	数量 实发	单价	金额	备注
H6030	台式电脑	台	20	20	7,605.00	152,100.00	
	合计		20	20	7,605.00	152,100.00	

部门经理：扬斌　　会计：张明娜　　仓库：李白　　经办人：周天

会计联

图 2-5-8　出库单

实操提示：银行存款日记账见单据簿第 59、60 页。

【业务提示】　如果对方的商业信用不佳，或者对对方的信用状况不甚了解或信心不足，使用银行承兑汇票较为稳妥。因为银行承兑汇票由银行承兑，有银行信用作为保证，因而能保证及时地收回货款。

【关键知识点回顾】　作为银行、企业的财会人员，很有必要掌握现行银行汇票及银行承兑汇票的主要特点，学会一些识别真假汇票的方法。这些方法主要包括以下几个方面：一看用纸、二看颜色、三看暗记、四看规格、五看填写是否规范。

【任务 6】　2016 年 9 月 23 日，山东吉贝食品有限公司将到期的不带息银行承兑汇票拿到银行办理委托收款，票面金额为 300 000 元。

【业务操作步骤】

1. 在应收票据备查簿上登记该银行承兑汇票注销日期。

实操提示：见单据簿第 23 页的应收票据备查簿（单据 2-5-5）。

2. 在票据背面“被背书人”处填写本单位开户行名称、“背书人签章”处加盖本单位银行预留印鉴，记载“委托收款”字样。

实操提示：见单据簿第 25 页的银行承兑汇票第二联（单据 2-6-1）。

3. 填写一式五联委托收款的托收凭证，并在第二联加盖银行预留印鉴。

实操提示：见单据簿第 25～27 页的托收凭证（单据 2-6-2 至单据 2-6-6）。

4. 将银行承兑汇票、托收凭证（五联）一并交给银行，委托银行收款。

5. 银行柜员受理后退回托收凭证（受理回单），开户银行收妥款项后，转回加盖转讫章的汇款依据或收账通知联。

6. 制单会计根据银行退回的托收凭证第一联（见图 2-6-1）、第四联（见图 2-6-2）编制记账凭证。

7. 根据审核无误的记账凭证登记银行存款日记账。

实操提示：银行存款日记账见单据簿第 59、60 页。

【业务提示】　委托银行收款时，应填写一式五联的托收凭证，在“托收凭证名称”栏内注明“银行承兑汇票”字样及汇票号码，在银行承兑汇票第二联背面加盖收款单位银行预留印鉴后，一并送交开户银行。开户银行审查后办理有关收款手续，并将盖章后的托收凭证第一联退回收款单位保存。

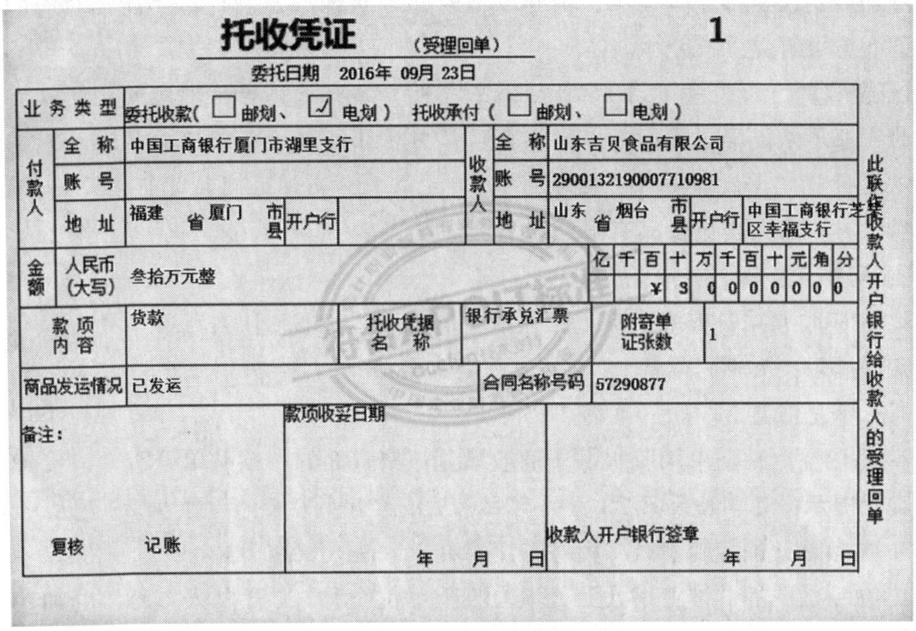

托收凭证（受理回单）　1

委托日期　2016年 09月 23日

业务类型	委托收款（□邮划、☑电划）　托收承付（□邮划、□电划）				
付款人 全称	中国工商银行厦门市湖里支行	收款人 全称	山东吉贝食品有限公司		
付款人 账号		收款人 账号	290013219000771098l		
付款人 地址	福建省厦门市县　开户行	收款人 地址	山东省烟台市县	开户行	中国工商银行芝罘区幸福支行
金额 人民币（大写）	叁拾万元整	亿千百十万千百十元角分	￥300000000		
款项内容	货款	托收凭据名称	银行承兑汇票	附寄单证张数	1
商品发运情况	已发运	合同名称号码	57290877		
备注： 复核　记账	款项收妥日期 年　月　日	收款人开户银行签章 年　月　日			

此联作收款人开户银行给收款人的受理回单

图 2-6-1　托收凭证（受理回单）

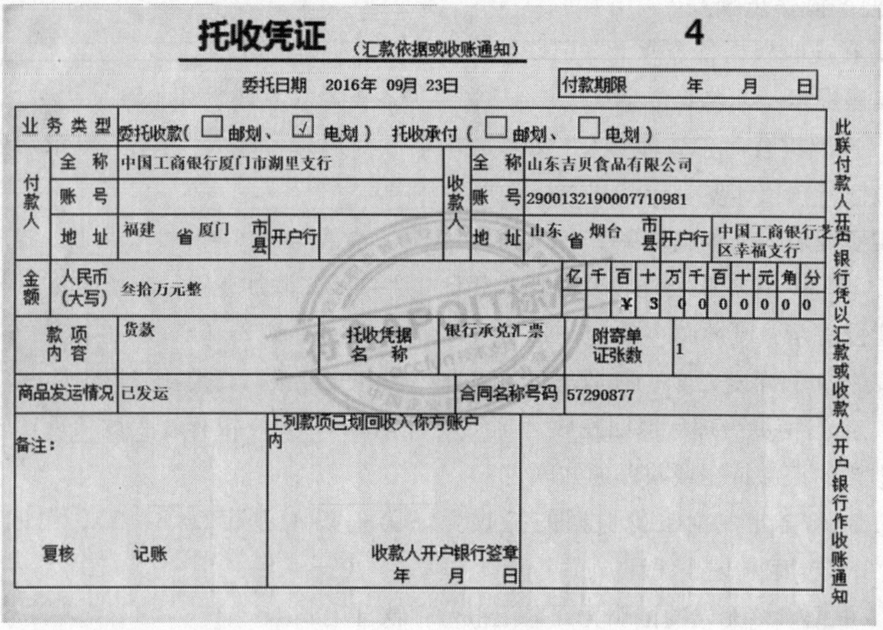

托收凭证 （汇款依据或收账通知） 4

委托日期 2016年 09月 23日 付款期限 年 月 日

业务类型	委托收款（□邮划、☑电划） 托收承付（□邮划、□电划）				
付款人	全称	中国工商银行厦门市湖里支行	收款人	全称	山东吉贝食品有限公司
	账号			账号	2900132190007710981
	地址	福建 省 厦门 市/县 开户行		地址	山东 省 烟台 市/县 开户行 中国工商银行芝罘区幸福支行
金额	人民币（大写）	叁拾万元整	亿千百十万千百十元角分	¥ 3 0 0 0 0 0 0 0	
款项内容	货款	托收凭据名称	银行承兑汇票	附寄单证张数	1
商品发运情况	已发运		合同名称号码	57290877	
备注： 复核 记账	上列款项已划回收入你方账户内 收款人开户银行签章 年 月 日				

此联付款人开户银行凭以汇款或收款人开户银行作收账通知

图 2-6-2 托收凭证（汇款依据或收账通知）

【关键知识点回顾】 银行承兑汇票到期，最简单的方法是背书给供应商，由供应商去处理。当然前提是供应商愿意采用此种结算方式。其次是单位自己到银行去解付。如果是单位自己去解付，就应该首先检查承兑汇票，看是否有印鉴章模糊、印鉴章加盖错误、多盖印鉴章、骑缝章不骑缝等问题，如果有，要让相对应的公司出具证明方可解兑。

【任务 7】 2016 年 9 月 24 日，山东吉贝食品有限公司将到期的广州和兴百货给付的商业承兑汇票（背面背书栏已满）背书转让给潍坊新天地食品添加剂有限公司，以支付前欠货款。票面金额为 175 500 元。双方出纳办理相关业务。

付款方：山东吉贝食品有限公司

【业务操作步骤】

1. 在应收票据备查簿上登记商业承兑汇票的“背书转让人”。

实操提示：见单据簿第 23 页的应收票据备查簿（单据 2-5-5）、单据簿第 28 页的商业承兑汇票第二联（单据 2-7-1）。

2. 另取空白粘贴单用胶水贴于商业承兑汇票背面的“粘贴单处”。

实操提示：见单据簿第 28 页的商业承兑汇票背书粘贴单（单据 2-7-2）。

3. 在粘贴处加盖骑缝章（财务专用章在上，法人章在下）。

4. 在粘贴单的“被背书人”处填写收款单位全称，“背书人签章”处加盖本单位银行预留印鉴，并寄至收款单位。

5. 复印商业承兑汇票正反两面，作附件留底。

6. 将商业承兑汇票转交收款单位。

7. 制单会计根据商业承兑汇票复印件编制记账凭证。

【业务提示】 实际业务中，商业承兑汇票“背书人签章”栏上方小格“被背书人”栏可不填写，这样可减少背书出错机率。“被背书人”一栏可由最后一手持票人贴现或者托收时统一填写。

【关键知识点回顾】 背书是票据持有人在票据背面签章，将票据转让给他人的行为。背书人在背书时必须把票据上的全部金额同时转让给同一个被背书人。只转让票据金额的一部分，或将票据金额分别转让给几个被背书人，这样的背书是无效的。

项目 6　网银结算业务

【任务 8】 2016 年 9 月 27 日，山东吉贝食品有限公司销售原味饼干一批，已开具增值税专用发票，商品自提。烟台华丰商贸有限公司当日通过中国工商银行网银支付货款 9 360 元。双方出纳办理相关业务。

付款方：烟台华丰商贸有限公司

【业务操作步骤】

1. 出纳员审查已签字审核的付款申请书（见图 2-8-1）。

2. 出纳员选择“制单员”角色，输入密码，登录企业网上银行。

3. 点击“付款业务栏”至“网上汇款”下的“逐笔支付”，输入收款单位的全称、开户行、账号及金额等付款信息，并点击“确定”。付款成功后，及时退出网银。

付款申请书

2016 年 09 月 27 日

用途及情况	金额											收款单位（人）：山东吉贝食品有限公司
支付货款	亿	千	百	十	万	千	百	十	元	角	分	账号：2900132190007710981
					¥	9	3	6	0	0	0	开户行：中国工商银行芝罘区幸福支行
金额大写（合计）	玖仟叁佰陆拾元整											电汇：☐ 转账：☐ 汇票：☐ 网银：☑ 其他：☐

总经理	周平	财务部门	经　理	陈娟娟	采购部门	经　理	李涛
			会　计	林美琪		经 办 人	张子铭

图 2-8-1　付款申请书

4. 复核会计选择“复核员”角色，输入密码，登录企业网上银行，审核批准。

5. 财务经理选择“主操作员”角色，输入密码，登录企业网上银行，审核批准。

6. 出纳员登录网银，打印银行电子回单。

7. 制单会计根据银行电子回单、入库单（见图 2-8-2）、增值税专用发票（见图 2-8-3）编制记账凭证。

入　库　单

2016 年 09 月 27 日　　　　单号 30231001

交来单位及部门	山东吉贝食品有限公司	验收仓库	仓库一	入库日期	2016-09-27	
编号	名称及规格	单位	数量·交库	数量·实收	实际价格·单价	实际价格·金额
	原味饼干	袋	200	200	40.00	8000.00
	合　计				40.00	8000.00

财务联

财务经理：陈娟娟　　仓库主管：吴迪　　经办人：周来　　制单人：陈宏

图 2-8-2　入库单

山东增值税专用发票

2300378522　　№ 25670086　　2300378522　25670086

此联不作报销、扣税凭证使用

校验码 12389 34782 27634 324　　开票日期：

购买方	名　　称：烟台华丰商贸有限公司 纳税人识别号：913706005609675412 地 址、电 话：烟台市开发区后西路89号 0535-6844721 开户行及账号：中国工商银行开发支行 6222068911023781766				密码区	-65745<19458<3840481700**01 5/37503848*7>234504>-00*048 2//5>*8574567-7<8*87309-007 <413-3001152-/7142>>8088024	
货物或应税劳务、服务名称	规格型号	单位	数量	单价	金额	税率	税额
原味饼干		袋	200	40.00	8000.00	17%	1360
合　计					¥8000.00		¥1360.00
价税合计（大写）	⊗玖仟叁佰陆拾元整				（小写）¥9360.00		
销售方	名　　称：山东吉贝食品有限公司 纳税人识别号：913706002281956436 地 址、电 话：烟台市芝罘区幸福中路166号 0535-6859332 开户行及账号：中国工商银行芝罘区幸福支行 2900132190007710981				备注		

收款人：　　复核：　　开票人：孙华君　　销售方：（章）

第一联：记账联　销售方记账凭证

图 2-8-3　增值税专用发票

8. 根据审核无误的记账凭证登记银行存款日记账。

实操提示：银行存款日记账见单据簿第 59、60 页。

【业务提示】　不同银行的网上支付业务，转账手续费收费标准也不相同。企业需要在开通网上银行前咨询自己的开户银行。一般情况下，企业网上银行转账手续费会在次月初扣除，有的银行还会根据企业的网银转账金额给予一定的优惠。

【关键知识点回顾】　企业在使用网上银行支付业务时，不同岗位的工作人员通过自己的 u－key，根据自己的权限进行相关操作，这样可以使企业内部人员办理业务相互牵制，以防范企业内部人员挪用资金。网上支付一般不允许透支。

收款方：山东吉贝食品有限公司

【业务操作步骤】

1. 出纳员选择“制单员”角色，输入密码，登录企业网上银行。

2. 点击“账户管理栏目”下的“明细查询”，进行查询。

3. 确认后，通知付款方，并及时打印银行电子回单。

4. 制单会计根据银行电子回单、增值税专用发票（见图 2－8－4）、出库单（见图 2－8－5）编制记账凭证。

2300378522　**山东增值税专用发票**　№ 25670086　2300378522 25670086

此联不作报销、扣税凭证使用

校验码 12389 34782 27634 324　开票日期：2016年09月27日

购买方	名称：烟台华丰商贸有限公司 纳税人识别号：913706005609675412 地址、电话：烟台市开发区后西路89号 0535-6844721 开户行及账号：中国工商银行开发支行 6222068911023781766				密码区	-65745<19458<3840481700**01 5/37503848*7>234504>-00*048 2//5>*8574567-7<8*87309-007 <413-3001152-/7142>8088024	
货物或应税劳务、服务名称	规格型号	单位	数量	单价	金额	税率	税额
原味饼干		袋	200	40.00	8000.00	17%	1360
合计					¥8000.00		¥1360.00
价税合计（大写）	⊗玖仟叁佰陆拾元整					（小写）¥9360.00	
销售方	名称：山东吉贝食品有限公司 纳税人识别号：913706002281956436 地址、电话：烟台市芝罘区幸福中路166号 0535-6859332 开户行及账号：中国工商银行芝罘区幸福支行 2900132190007710981				备注	山东吉贝食品有限公司 913706002281956436 发票专用章	

收款人：　复核：　开票人：孙华君　销售方：（章）

第一联：记账联　销售方记账凭证

图 2－8－4　增值税专用发票

出　库　单

出货单位：山东吉贝食品有限公司　2016 年 09 月 27 日　单号：3231901

提货单位或领货部门	烟台华丰商贸有限公司	销售单号	2567121	发出仓库	仓库一	出库日期	2016-09-27
编号	名称及规格	单位	数量（应发）	数量（实发）	单价	金额	备注
	原味饼干	袋	200	200	46.80	9,360.00	
	合计		200	200	46.80	9,360.00	

会计联

山东吉贝食品有限公司 财务专用章

部门经理：吴鸣　会计：张娜　仓库：李田　经办人：刘静

图 2－8－5　出库单

5. 根据审核无误的记账凭证登记银行存款日记账。

实操提示： 银行存款日记账见单据簿第 59、60 页。

【业务提示】 实际业务中，出纳员付款前，需保证企业银行账户有足够的余额，才能进行网上支付业务。

【关键知识点回顾】 出纳办理网上付款业务，在填写收款方相关信息时，务必要认真仔细，尤其是支付金额，一旦填错，而审核人没有发现，确认了该笔业务的支付指令，银行会立即受理，无法撤回，只能与收款方自行协商解决。

【任务 9】 2016 年 9 月 30 日，山东吉贝食品有限公司通过网银支付员工上月工资，合计实际应付金额为 131 536.56 元。已转换成格式为 .bxt 的工资基本信息表（见表 2-9-1）。

表 2-9-1　　工资基本信息表

单位名称：山东吉贝食品有限公司　　2016 年 9 月 30 日

职工编码	职工账号	职工姓名	工资金额	备注
1001	6222 0234 0002 9380 946	陈梦晨	3 570.56	
1002	6222 0234 0002 9380 782	王鹏	3 480.72	
1003	6222 0234 0002 9380 538	吴琳	4 512.10	
1004	6222 0234 0002 9380 668	陈德江	4 550.95	
1005	6222 0234 0002 9380 891	李晓	3 220.50	
1006	6222 0234 0002 9380 552	刘洁	2 578.60	
…	…	…	…	
1037	6222 0234 0002 9380 887	杨建国	5 421.55	
1038	6222 0234 0002 9380 325	张向东	3 641.95	

【业务操作步骤】

1. 出纳员选择“制单员”角色，输入密码，登录企业网上银行。

2. 点击“付款业务”，再选择“企业财务室”下的“批量提交”，上传员工工资表，并输入“总金额”“总笔数”，点击“确定”。付款成功后，退出网银。

3. 复核会计选择“复核员”角色，输入密码，登录企业网上银行，审核批准。

4. 财务经理选择“主操作员”角色，输入密码，登录企业网上银行，审核批准。

5. 出纳员登录企业网上银行打印银行电子回单。

6. 制单会计根据银行电子回单、工资单编制记账凭证。

7. 根据审核无误的记账凭证登记银行存款日记账。

实操提示： 银行存款日记账见单据簿第 59、60 页；请登录实训平台，进入“出纳实训”课程，点击“模拟网银”进行模拟工资发放操作。

【业务提示】 批量代付数据提交后，单位结算账户被实时全额扣账，成功的明细实时到账；不成功的明细，其金额第二天返还到单位结算户。

【关键知识点回顾】 企业首次使用网银支付工资，员工基本信息表需按照账号、姓名、金额的顺序先做好文件后缀名为 .xls 的表格，再通过网银转换成文件格式为 .bxt 的工资文件，以后每月如有变动，则在此表格文件中修改数据即可。

项目 7　银行存款余额表的编制

【任务 10】 2016 年 9 月 30 日，山东吉贝食品有限公司中国工商银行存款日记账余额为 621 907.94 元，工行的银行对账单所列余额为 940 507.94 元。中国建设银行存款账户账实相符，不存在未达账项。经核实，中国工商银行银行账户 9 月份存在以下未达账项。

（1）29 日，银行代企业收取货款 270 000 元，银行已入账，企业未入账。

（2）29 日，银行代企业付水费 13 000 元，银行已入账，企业未入账。

（3）30 日，企业开出转账支票付办公用品费 1 600 元，企业已入账，银行未入账。

（4）30 日，企业开出转账支票预付货款 60 000 元，企业已入账，银行未入账。

【业务操作步骤】

1. 将企业的银行存款日记账与银行的银行存款对账单逐笔进行核对。（此处略）
2. 填制银行存款余额调节表。

实操提示： 见单据簿第 29 页的银行存款余额调节表（单据 2 - 10 - 1）。

【业务提示】 银行存款余额调节表不是原始凭证，企业不需要根据银行存款余额调节表进行账务处理。此时的银行存款余额反映企业可以动用的银行存款实有数额。对银行已经入账、企业尚未入账的未达账项，应该在收到有关凭证后，再进行账务处理。

【关键知识点回顾】 未达账项是企业单位与银行之间，对同一项经济业务由于凭证传递上的时间差所形成的一方已登记入账，而另一方因未收到相关凭证，尚未登记入账的事项。

项目 8　银行存款日记账月结

【任务 11】 9 月 30 日，出纳员对银行存款日记账进行月结。

【业务操作步骤】

同库存现金日记账。

实操提示：银行存款日记账见单据簿第59、60页。

【业务提示】 期末应先将银行存款日记账与开户银行的银行对账单进行逐笔核对，并编制银行存款余额调节表，检查银行存款日记账的记录是否正确；日记账可按日结出余额，但也可以不按日结出余额，因为每日最后一笔经济业务的余额即是当日的日结余额。

【关键知识点回顾】 账簿应按日期顺序连续登记，不得跳行、隔页。如果发生跳行、隔页，应当将空行、空页画线注销，或者注明“此行空白”“此页空白”字样，并由出纳员在更正处签名或盖章。

项目9 出纳报告单的编制

【任务12】 9月30日，根据库存现金日记账、银行存款日记账编制9月16—30日出纳报告单，编号：0902。

【业务操作步骤】

同库存现金日记账。

1. 登记“上期结存”栏：按照日记账各账户15日的结存金额填列。

2. 登记“本期收入”栏：按照日记账各账户16—30日的借方发生额合计数填列。

3. 登记“合计”栏：按照上期结存与本期收入的合计数填列。

4. 登记“本期支出”栏：按照日记账各账户16—30日的贷方发生额合计数填列。

5. 登记“本期结存”栏：本期结存＝上期结存＋本期收入－本期支出。

实操提示：见单据簿第29页的出纳报告单（单据2-12-1）。

【业务提示】 银行存款的“本期收入”“本期支出”金额应为企业所有开户银行的“本期收入”合计数、所有开户银行的“本期支出”合计数。

【关键知识点回顾】 出纳报告单的报告期一般应与企业总账会计汇总记账的周期相一致，如果本单位总账15天汇总一次，则出纳报告单15天编制一次，1个月编制两次。

模块 3

出纳网上银行常见业务单项实训

实操提示：请登录实训平台，进入“出纳实训”课程，点击“模拟网银”进行以下项目相关任务模拟操作（模拟网银暂时无法模拟实训代发工资模块）。

项目 1　查询打印

一、账户余额查询

【任务 1】　2016 年 10 月 9 日，出纳员提取备用金，需开具金额为 5 000 的现金支票，查询开户银行余额是否大于取款金额。

二、账户明细查询

【任务 2】　2016 年 10 月 9 日，出纳员取回备用金 5 000 元，通过网银查询该笔交易明细，并打印电子回单。

三、网上交易查询

【任务 3】　2016 年 10 月 11 日，出纳员查询当日 A 公司通过网银转来的金额为 11 7000 元的货款是否到账，到账后打印电子回单。

【任务 4】　2016 年 10 月 11 日，出纳员查询 10 日送存银行的金额为 10 0000 元的转账支票是否到账，到账后打印电子回单。

项目 2　转账支付

一、转账查询

【任务 5】　2016 年 10 月 14 日，出纳员查询企业转账日期为 2016 年 9 月 20—30 日的转账支付信息，并下载打印。

二、转账支付——收款单位为本行账户

【任务 6】　2016 年 10 月 15 日，出纳员根据付款申请书向同城的 B 公司支付材料款 6 850 元。

三、转账支付——收款单位为他行账户

【任务7】 2016 年 10 月 17 日，出纳员根据付款申请书向异地的 C 公司支付材料款 11 115 元。

四、转账支付——收款人为个人账户

【任务8】 2016 年 10 月 20 日，出纳员根据付款申请书向车间临时维修工支付劳务费 5 000 元。

五、转账支付——员工借款

【任务9】 2016 年 10 月 22 日，销售员孙亮持经领导审批的借款单预借差旅费 3 500 元，出纳员通过网银将借款打入其工资卡。

六、转账支付——员工报销

【任务10】 2016 年 10 月 22 日，办公室张丽外购办公用品 500 元，持费用报销凭证到财务部出纳员处报销，出纳员通过网银将报销款打入其工资卡。

项目 3　代发工资

一、工资发放录入

【任务11】 2016 年 10 月 25 日，出纳员登录网银，根据 9 月份职工工资明细表，制作银行规定格式的基本信息表。

二、代发工资

【任务12】 2016 年 10 月 25 日，出纳员通过网银上传基本信息表，通过网银代发 9 月份工资。

三、工资发放结果查询

【任务13】 2016 年 10 月 25 日，经复核批准支付后，出纳员查询工资代发情况，网银支付成功后打印电子回单。

项目 4　银企对账

一、余额对账

【任务14】 2016 年 10 月 31 日，出纳员通过网银查询该银行账户余额是否与银行存款日记账相符。

二、明细账对账

【任务15】 2016 年 10 月 31 日，若出纳员经查询，银行账户余额与银行存款

日记账余额不平，进入明细账对账，录入未达账项，并编制银行存款余额调节表。

三、对账单打印

【任务16】　2016年10月31日，出纳员根据调节后的已相等的银行余额，打印当月银行存款余额调节表。

第二部分

出纳常见业务综合实训

一、模拟企业基本情况

模拟企业营业执照、开户许可证、银行预留签章卡见下图。

营业执照

统一社会信用代码 913706009662086530

名　　称　烟台威诚酒业有限公司

类　　型　有限责任公司

住　　所　烟台市福山区香山路18号

法定代表人　李祥林

注 册 资 本　人民币叁佰万元整

成 立 日 期　2016年06月01日

营 业 期 限　2016年06月01日至2036年06月01日

经 营 范 围　主要经营白酒、葡萄酒的制造及销售。经营范围中涉及许可审批经营项目的，应在取得有关部门的许可后方可经营。

登 记 机 关　烟台市工商行政管理局福山分局

2016年　06月　01日

开户许可证

核准号：J3930023653662　　　　编 号：5608 - 25309128

经审核，烟台威诚酒业有限公司　符合开户条件，准予开立基本存款账户。

法定代表人（单位负责人）李祥林　　　　开户银行 中国工商银行福山支行

账　号 2358432584570368999

发证机关（盖章）

2016年06月01日

中国人民银行营业管理部 账户管理专用章

中国工商银行 福山区支 行 预留签章卡

必填信息	账　号	2358432584570368999	启用日期	2016 年 06 月 01 日
	户　名	烟台威诚酒业有限公司	客户号	1000102
	联系电话	0535-6856210	邮　编	264000
	联系人	李祥林	地　址	烟台市福山区香山路18号
预留签章	烟台威诚酒业有限公司 财务专用章　　李祥林印			

（旧预留签章卡装订于　　年　月　日凭证）本行共预留　　份预留签章卡

会计负责人：刘静　　　　经办：黄莉

代号（米会44）10×15=50K2003.6月版

模拟企业组织架构图见下图。

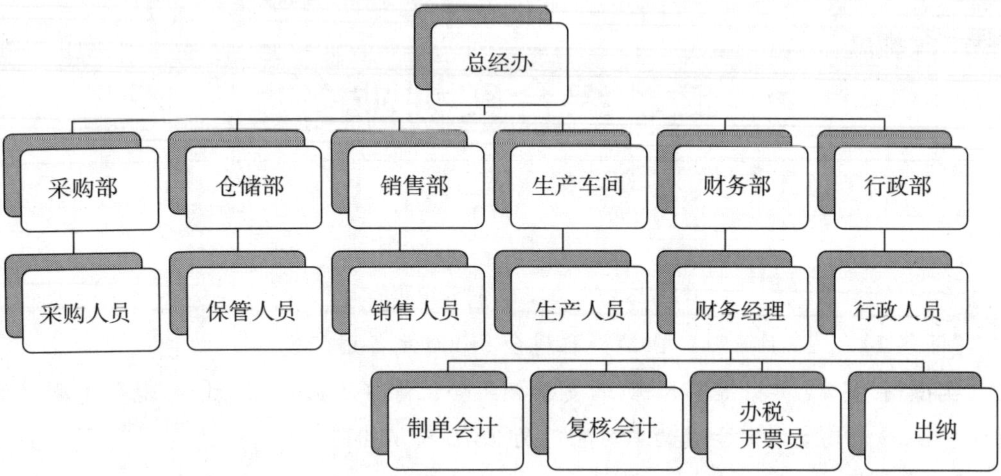

模拟企业与财务工作紧密相关的主要人员基本情况见表 2－1。

表 2－1　　烟台威诚酒业有限公司主要人员基本情况表

序号	部门	职务	姓名
1	总经办	总经理	孙明利
2	财务部	财务经理	刘静
3	财务部	制单会计	张丽丽
4	财务部	复核会计	李瑞
5	财务部	办税、开票员	罗晓芳
6	财务部	出纳	黄莉

模拟企业货币资金资料如下。

1. 开户银行（基本账户）

中国工商银行福山区支行，账号：2358432584570368999

2. 开户银行（一般账户）

中国建设银行福山区支行，账号：6237583673215669498

3. 库存现金日记账 10 月期末余额：4 958.20 元；

6—10 月累计借方发生额：123 684.50 元；6—10 月累计贷方发生额：118 726.30 元；

中国工商银行日记账 10 月期末余额：453 374.23 元；

6—10 月累计借方发生额：1 918 635.73 元；6—10 月累计贷方发生额：1 465 261.50 元；

中国建设银行日记账 10 月期末余额：56 201.00 元；

6—10 月累计借方发生额：254 683.00 元；6—10 月累计贷方发生额：198 482.00 元；

二、综合实训业务

【任务1】 11月1日，出纳提取现金5 000元备用。

实操提示：见单据簿第30页的支票领用登记簿（单据4-1-1）、现金支票（单据4-1-2）。此处假定生成的支付密码为2870-8837 9118-2688。

【任务2】 11月1日，销售员李强报销差旅费3 060元，销售部采用定额备用金制度，出纳员报销并补足备用金定额。

实操提示：见单据簿第31、32页的差旅费报销单（单据4-2-1）、报销单据粘贴单（单据4-2-2）、航空运输电子客票行程单（单据4-2-3和单据4-2-4）、增值税普通发票（单据4-2-5）。

【任务3】 11月3日，出纳员收到现金100元，系行政部张婷本月因上班迟到的罚款（罚款通知单见图4-3-1[①]）。

实操提示：见单据簿第33、34页的收款收据（单据4-3-1至单据4-3-3）。

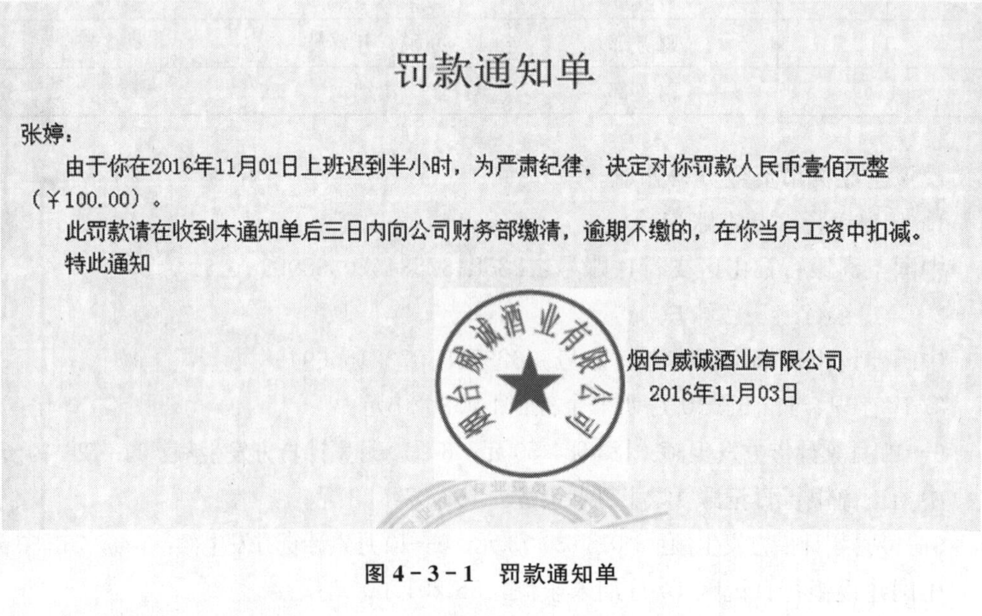

罚款通知单

张婷：

由于你在2016年11月01日上班迟到半小时，为严肃纪律，决定对你罚款人民币壹佰元整（￥100.00）。

此罚款请在收到本通知单后三日内向公司财务部缴清，逾期不缴的，在你当月工资中扣减。

特此通知

烟台威诚酒业有限公司

2016年11月03日

图4-3-1 罚款通知单

① 为与第一部分的图序相统一，本部分按模块4编排图序。

【任务4】 11月5日，企业向烟台阳光百货有限公司销售葡萄酒一批，收到对方一张银行本票。货物已发出并开具增值税专用发票（见图4-4-1），出纳员前往银行办理进账。

实操提示： 见单据簿第34、35页的银行本票第二联（单据4-4-1）、进账单（单据4-4-2至单据4-4-4）。

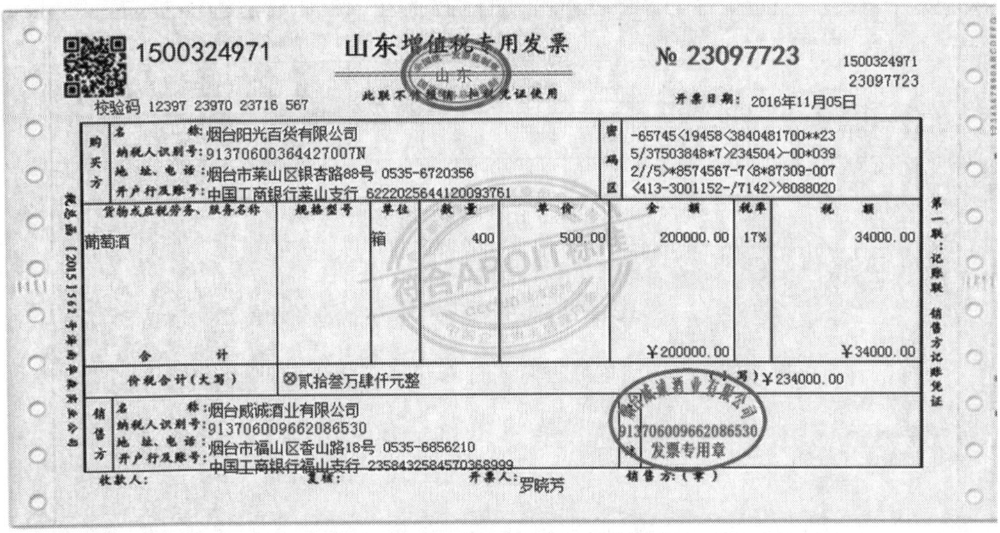

1500324971 山东增值税专用发票 № 23097723 1500324971 23097723

此联不作报销、扣税凭证使用

校验码 12397 23970 23716 567 开票日期：2016年11月05日

购买方 名称：烟台阳光百货有限公司
纳税人识别号：91370600364427007N
地址、电话：烟台市莱山区银杏路88号 0535-6720356
开户行及账号：中国工商银行莱山支行 6222025644120093761

密码区 -65745<19458<3840481700**23 5/37503848*7>234504>-00*039 2//5>*8574567-7<8*87309-007 <413-3001152-/7142>>8088020

货物或应税劳务、服务名称	规格型号	单位	数量	单价	金额	税率	税额
葡萄酒		箱	400	500.00	200000.00	17%	34000.00
合计					¥200000.00		¥34000.00
价税合计（大写）	⊗贰拾叁万肆仟元整				（小写）¥234000.00		

销售方 名称：烟台威诚酒业有限公司
纳税人识别号：913706009662086530
地址、电话：烟台市福山区香山路18号 0535-6856210
开户行及账号：中国工商银行福山支行 2358432584570368999

收款人： 复核： 开票人：罗晓芳 销售方：（章）

第一联：记账联 销售方记账凭证

图4-4-1 增值税专用发票

【任务5】 11月6日，出纳员将收到的威海新世界百货公司的票面金额为230 000元的银行承兑汇票（背面背书栏已满），背书转让给寿光市光明制瓶厂，以支付前欠货款。（不需要登记日记账。）

实操提示： 见单据簿第36、37页的银行承兑汇票第二联（单据4-5-1）、银行承兑汇票背书粘贴单（单据4-5-2）、应收票据备查登记簿（单据4-5-3）。

【任务6】 11月8日，企业采购员张亮到枣庄市宏达纸箱厂购进纸质包装箱一批，双方约定采用银行汇票结算。出纳员根据付款申请书所列金额到银行办理25 000元的银行汇票一张。

实操提示： 付款申请书见图4-6-1、手续费支付凭单见图4-6-2、银行汇票见图4-6-3、解讫通知见图4-6-4；其他单据见单据簿第37、38页的业务委托书（单据4-6-1）、银行汇票登记簿（单据4-6-2）。

【任务7】 11月11日，出纳员收到银行转来的多余款收账通知联，实际结算金额为23 400元。

实操提示： 见单据簿第38页的银行汇票（多余款收账通知）（单据4-7-1）。

付款申请书

2016 年 11 月 08 日

用途及情况	金额											收款单位（人）：枣庄市宏达纸箱厂
支付货款	亿	千	百	十	万	千	百	十	元	角	分	账号：6222025612309002311
				¥	2	5	0	0	0	0	0	开户行：中国工商银行山亭支行
金额大写（合计）	贰万伍仟元整											电汇：☐ 转账：☐ 汇票：☑ 网银：☐ 其他：☐

总经理	孙明利	财务部门	经理	刘静	采购部门	经理	王雨
			会计	李瑞		经办人	张亮

图 4-6-1 付款申请书

ICBC 中国工商银行 业务回单（付款）

日期： 2016年 11月 08日　　回单编号： 1534900002

付款人户名： 烟台威诚酒业有限公司　　付款人开户行： 中国工商银行福山区支行

付款人账号（卡号）： 2358432584570368999

收款人户名：　　收款人开户行：

收款人账号（卡号）：

金额： 壹元伍角整　　小写： 1.50元

业务（产品）种类： 结算业务凭证　　凭证种类： 000000000　　凭证号码： 0000000000000000

摘要： 手续费　　用途：　　币种： 人民币

交易机构： 0410000292　记账柜员： 03741　交易代码：　　渠道： 柜面

（印章：中国工商银行福山区支行 业务专用章 (1)）

产品名称：　　费用名称：

应收金额： 1.50　实收金额： 1.50　收费渠道：

本回单为第一次打印，注意重复　　打印日期： 2016年 11月 08日　　打印柜员： 9　　验证码： 0A87640EF006

图 4-6-2 业务回单（付款）

中国工商银行
银行汇票　　2　　63881349 30992331

出票日期（大写） 贰零壹陆 年 壹拾壹 月 零捌 日　　代理付款行： 中国工商银行福山区支行　　行号：

提示付款期限自出票之日起壹个月

收款人：枣庄市宏达纸箱厂

出票金额 人民币（大写） 贰万伍仟元整

实际结算金额 人民币（大写）

亿	千	百	十	万	千	百	十	元	角	分

申请人： 烟台威诚酒业有限公司　　账号： 2358432584570368999

出票行： 中国工商银行福山区支行　李真真　行号： 235600189966

备 注：

凭票付款

出票行签章（印章：中国工商银行福山区支行 235600189966 汇票专用章）

密押：

多余金额									
千	百	十	万	千	百	十	元	角	分

复核　　记账

此联代理付款行付款后作联行往账借方凭证附件

图 4-6-3 银行汇票

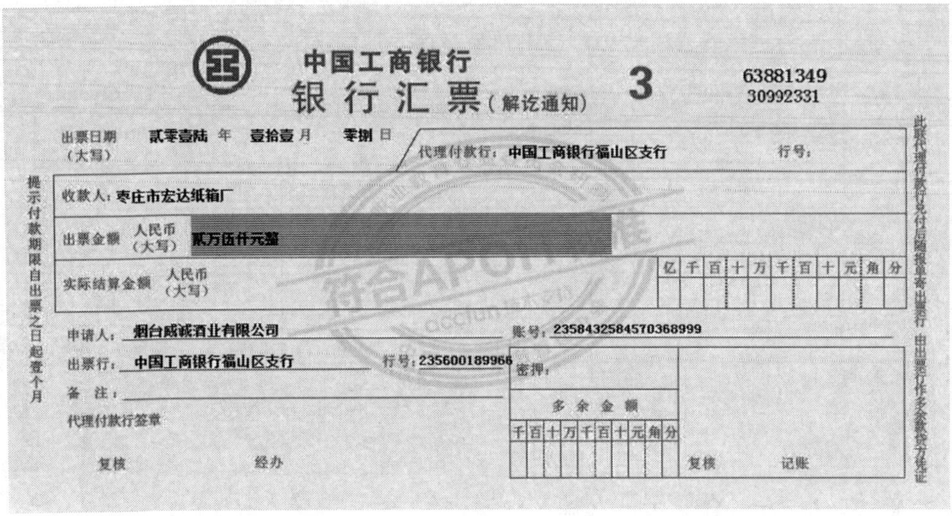

中国工商银行

银行汇票（解讫通知）　3　63881349　30992331

出票日期（大写）　贰零壹陆年　壹拾壹月　零捌日　代理付款行：中国工商银行福山区支行　行号：

收款人：枣庄市宏达纸箱厂

出票金额　人民币（大写）　[redacted]

实际结算金额　人民币（大写）

亿	千	百	十	万	千	百	十	元	角	分

申请人：烟台威诚酒业有限公司　账号：2358432584570368999

出票行：中国工商银行福山区支行　行号：235600189966　密押：

备注：

代理付款行签章

多余金额

千	百	十	万	千	百	十	元	角	分

复核　经办　复核　记账

提示付款期限自出票之日起壹个月

此联代理付款行兑付后随报单寄出票行，由出票行作多余款贷方凭证

图 4-6-4　银行汇票（解讫通知）

【任务 8】　11 月 12 日，出纳员将企业多余的备用现金 2 540 元（其中 100 元的有 15 张、50 元的有 16 张、20 元的有 10 张、10 元的有 4 张）送存工商银行。

实操提示：见单据簿第 39 页的现金存款凭条（单据 4-8-1 和单据 4-8-2）。

【任务 9】　11 月 13 日，企业向烟台滨海酒店销售葡萄酒一批，送货上门，增值税专用发票已开，收到票面金额为 30 600 元的转账支票一张，出纳员到开户银行办理进账。

实操提示：增值税专用发票见图 4-9-1、出库单见图 4-9-2；其他单据见单据簿第 40～42 页的转账支票（单据 4-9-1）、收款收据（单据 4-9-2 至单据 4-9-4）、进账单（单据 4-9-5 至单据 4-9-7）。

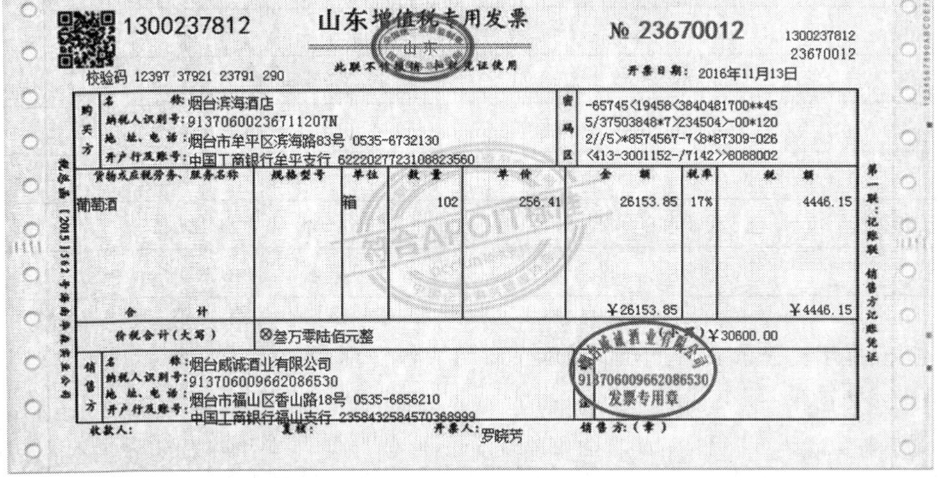

1300237812　山东增值税专用发票　№ 23670012　1300237812　23670012

此联不作报销、扣税凭证使用　开票日期：2016年11月13日

校验码 12397 37921 23791 290

购买方　名称：烟台滨海酒店　纳税人识别号：91370600236711207N　地址、电话：烟台市牟平区滨海路83号 0535-6732130　开户行及账号：中国工商银行牟平支行 6222027723108823560

密码区　-65745<19458<3840481700**45 5/37503848*7>234504>-00*120 2//5>*8574567-7<8*87309-026 <413-3001152-/7142>>8088002

货物或应税劳务、服务名称	规格型号	单位	数量	单价	金额	税率	税额
葡萄酒		箱	102	256.41	26153.85	17%	4446.15
合计					¥26153.85		¥4446.15
价税合计（大写）	⊗叁万零陆佰元整				（小写）¥30600.00		

销售方　名称：烟台威诚酒业有限公司　纳税人识别号：913706009662086530　地址、电话：烟台市福山区香山路18号 0535-6856210　开户行及账号：中国工商银行福山支行 2358432584570368999

备注　913706009662086530　发票专用章

收款人：　复核：　开票人：罗晓芳　销售方：（章）

第一联：记账联　销售方记账凭证

图 4-9-1　增值税专用发票

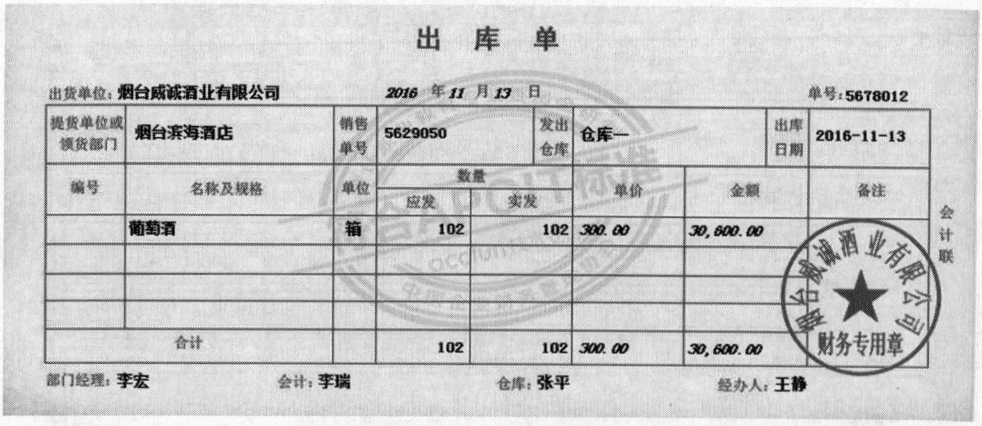

出 库 单

出货单位：烟台威诚酒业有限公司　　2016 年 11 月 13 日　　单号：5678012

提货单位或领货部门	烟台滨海酒店	销售单号	5629050	发出仓库	仓库一	出库日期	2016-11-13
编号	名称及规格	单位	数量 应发	数量 实发	单价	金额	备注
	葡萄酒	箱	102	102	300.00	30,600.00	
合计			102	102	300.00	30,600.00	

会计联

部门经理：李宏　　会计：李瑞　　仓库：张平　　经办人：王静

烟台威诚酒业有限公司 财务专用章

图 4-9-2　出库单

【任务 10】　11 月 15 日，出纳提取现金 8 000 元以备支付工资（此处假定生成的现金支票支付密码为 2872-4022 9118-2689）。

实操提示：见单据簿第 30 页的支票领用登记簿（单据 4-1-1）、单据簿第 43 页的现金支票（单据 4-10-1）。

【任务 11】　11 月 15 日，企业通过网银支付员工上月工资，合计实际应付金额为 110 421.36 元。已转换成格式为 .bxt 的工资基本信息表（见表 4-11-1）。

表 4-11-1　　**工资基本信息表**

单位名称：烟台威诚酒业有限公司　　**2016 年 11 月 15 日**

职工编码	职工账号	职工姓名	工资金额	备注
1001	6222059800029350587	孙磊	3 570.21	
1002	6222059800029350992	张华峰	3 480.43	
1003	6222059800029350871	陈红	4 512.57	
1004	6222059800029350354	张伟	4 550.62	
1005	6222059800029350971	李晓芳	3 220.59	
1006	6222059800029350663	刘洁	2 578.72	
…	…	…	…	
1031	62220598000293850874	孙海峰	5 421.68	
1032	62220598000293509211	王振东	3 641.50	

实操提示：登录实训平台，进入“出纳实训”课程，点击“模拟网银”进行模拟发放工资操作。

【任务 12】　11 月 15 日，企业以现金支付仓储部季节性临时装卸工人 10 月份工资。

实操提示：见单据簿第 43 页的 10 月份临时工工资发放表（单据 4－12－1）。

【任务 13】　11 月 15 日，根据库存现金、银行存款日记账编制本月 1—15 日的出纳报告单。编号为 1101。

实操提示：见单据簿第 43 页的出纳报告单（单据 4－13－1）。

【任务 14】　11 月 19 日，企业从北京仪器厂购买产品质量检测仪一台，双方约定采用银行承兑汇票结算，期限为 3 个月，由付款方签发，卖方负责送货上门，已开具增值税专用发票。出纳员到银行申请办理银行承兑汇票，银行要求的保证金比例为 30%。

银行承兑保证金账户主要用于核算签发银行承兑汇票转入的保证金属于内部账户。

实操提示：购销合同见图 4－14－1、增值税专用发票见图 4－14－2、手续费支付凭证见图 4－14－3、银行承兑汇票第二联见图 4－14－4、银行承兑汇票第三联见图 4－14－5、入库单见图 4－14－6；其他单据见单据簿第 44、45 页的银行承兑汇票申请书（单据 4－14－1）、银行承兑协议（单据 4－14－2）、应付票据备查登记簿（单据 4－14－3）、转账支票（单据 4－14－4）。

购销合同

甲方：北京仪器厂　　合同编号：3386782311

乙方：烟台威诚酒业有限公司　　签订日期：2016-11-19

甲、乙双方友好协商，以自愿、平等互利为原则，根据《中华人民共和国合同法》，双方达成如下协议：

一、产品名称、规格型号、单位、数量、金额。

产品名称	规格型号	单位	数量	单价（元）	总金额（含税）
产品质量检测仪		台	1	100 000.00	117 000.00

合计人民币金额（大写）：壹拾壹万柒仟元整　　合计：¥117 000.00

二、结算方式：双方约定采用银行承兑汇票方式结算。

三、争议解决：本协议发生争议，双方以友好协商的方式解决。

四、其他：本合同自双方签字盖章后生效，正本一式两份，甲乙双方各执一份，合同原件及签章传真件具有同等法律效力，有效期2年。

甲方	乙方
单位名称（章）：北京仪器厂	单位名称（章）：烟台威诚酒业有限公司
电话：010-8668[illegible]	电话：053[illegible]56219
开户行：中国工商银行西城支行	开户行：中国建设银行福山区支行
账号：6222[illegible]173224	账号：[illegible]3215669498

图 4－14－1　购销合同

北京增值税专用发票

1100182410　　№ 02131011　　1100182410 02131011

校验码 12397 23791 78238 34091　　开票日期：2016年11月19日

购买方	名　称：烟台威诚酒业有限公司 纳税人识别号：913706009662086530 地址、电话：烟台市福山区香山路18号 0535-6856210 开户行及账号：中国建设银行福山区支行 6237583673215669498				密码区	-65745<19458<3840481700**02 5/37503848*T>234504>-00*006 2//5>*8574567-7<8*87309-009 <413-3001152-/7142>>8088003	
货物或应税劳务、服务名称	规格型号	单位	数量	单价	金额	税率	税额
产品质量检测仪		台	1	100000.00	100000.00	17%	17000.00
合计					¥100000.00		¥17000.00
价税合计（大写）	⊗壹拾壹万柒仟元整				（小写）¥117000.00		
销售方	名　称：北京仪器厂 纳税人识别号：91110000468922009 1 地址、电话：北京市西城区白广路238号 010-8633628 开户行及账号：中国工商银行西城支行 6222026722070178224				备注		

收款人：　　复核：　　开票人：周梅　　销售方：（章）

第三联：发票联　购买方记账凭证

图 4 - 14 - 2　增值税专用发票

NO.

中国建设银行 China Construction Bank　中国建设银行单位客户专用回单

币别：人民币　　2016 年11月19日　　流水号：23-56R23E121890018

付款人	全称	烟台威诚酒业有限公司	收款人	全称	中国建设银行福山区支行
	账号	6237583673215669498		账号	
	开户行	中国建设银行福山区支行		开户行	
金额		(大写) 伍拾捌元伍角整			(小写) ¥58.50
凭证种类		结算业务凭证	凭证号码		
结算方式			用途		支付承兑手续费

中国建设银行福山区支行 业务专用章 (1)

图 4 - 14 - 3　手续费支付凭证

银行承兑汇票　2

63791109
30543902

出票日期（大写）　贰零壹陆 年　壹拾壹 月　壹拾玖 日

出票人全称	烟台威诚酒业有限公司	收款人	全称	北京仪器厂
出票人账号	6237583673215669498		账号	6222026722070178224
付款行名称	中国建设银行福山区支行		开户银行	中国工商银行西城支行
出票金额	人民币（大写）壹拾壹万柒仟元整		亿千百十万千百十元角分	¥ 1 1 7 0 0 0 0 0
汇票到期日（大写）	贰零壹柒年零贰月壹拾玖日	付款行	行号	260013379924
承兑协议编号	2016年承字第1101905号		地址	烟台市福山区香山路221号
本汇票请你行承兑，到期无条件付款。 烟台威诚酒业有限公司 财务专用章　林李印祥 出票人签章		本汇票已经承兑，到期日由本行付款。 中国建设银行福山区支行 承兑行签章 260013379924 承兑日期 2016 年 11 月 19 日 备注：		肖小龙 复核　记账

此联收款人开户行随托收凭证寄付款行作借方凭证附件

图 4 - 14 - 4　银行承兑汇票

银行承兑汇票（存根） 3

63791109
30543902

出票日期（大写） 贰零壹陆年 壹拾壹月 壹拾玖日

出票人全称	烟台威诚酒业有限公司	收款人	全 称	北京仪器厂
出票人账号	6237583673215669498		账 号	6222026722070178224
付款行名称	中国建设银行福山区支行		开户银行	中国工商银行西城支行
出票金额	人民币（大写） 壹拾壹万柒仟元整		亿千百十万千百十元角分	￥11700000
汇票到期日（大写）	贰零壹柒年零贰月壹拾玖日	付款行	行号	260013379924
承兑协议编号	2016年承字第1101905号		地址	烟台市福山区香山路221号
	备注:		密押	复核 经办

此联由出票人存查

图 4－14－5 银行承兑汇票（存根）

入 库 单

2016 年 11 月 19 日　　单号 30562400

交来单位及部门	北京仪器厂	验收仓库	仓库一	入库日期	2016-11-19	
编号	名称及规格	单位	数量		实际价格	
			交库	实收	单价	金额
	产品质量检测仪	台	1	1	100000.00	100000.00
合计			1	1	100000.00	100000.00

财务联

财务经理：刘静　　仓库主管：周涛　　经办人：刘三琴　　制单人：张明

图 4－14－6 入库单

【任务 15】 11 月 20 日，出纳员根据采购部付款申请单到银行申请银行本票一张，预付潍坊康华制盖厂瓶盖款 35 100 元。

实操提示： 付款申请书见图 4－15－1、手续费支付凭证见图 4－15－2、银行本票见图 4－15－3；其他单据见单据簿第 46 页的业务委托书（单据 4－15－1）、银行本票登记簿（单据 4－15－2）。

【任务 16】 11 月 21 日，出纳员将收到的银行汇票送存银行办理收款。

实操提示： 增值税专用发票见图 4－16－1、出库单见图 4－16－2；其他单据见单据簿第 38 页的银行汇票登记簿（单据 4－6－2），单据簿第 47、48 的银行汇票第二联（单据 4－16－1），银行汇票（解讫通知）（单据 4－16－2）、进账单（单据 4－16－3 至单据 4－16－5）。

【任务 17】 11 月 21 日，企业向吉林裕丰米业股份有限公司支付大米款 67 800 元。根据采购部付款申请单，出纳员采用电汇方式向供应商付款。

付款申请书

2016年11月20日

用途及情况	金额											收款单位（人）：潍坊康华制盖厂
	亿	千	百	十	万	千	百	十	元	角	分	账号：6222028923712210901
瓶盖款				¥	3	5	1	0	0	0	0	开户行：中国工商银行寒亭支行
金额大写（合计）叁万伍仟壹佰元整												电汇：☐ 转账：☐ 汇票：☐ 网银：☐ 其他：☑

总经理	孙明利	财务部门	经 理	刘静	采购部门	经 理	王雨
			会 计	李瑞		经办人	张亮

图 4－15－1 付款申请书

ICBC 中国工商银行 **业务回单**（付款）

日期： 2016年 11月 20日　　回单编号：1534900025

付款人户名：烟台威诚酒业有限公司　　付款人开户行：中国工商银行福山区支行

付款人账号（卡号）：2358432584570368999

收款人户名：　　收款人开户行：

收款人账号（卡号）：

金额：壹元伍角整　　小写：1.50元

业务（产品）种类：结算业务凭证　　凭证种类：000000000　　凭证号码：0000000000000000

摘要：手续费　　用途：　　币种：人民币

交易机构：0410000273　记账柜员：03739　交易代码：02123　渠道：柜面

产品名称：　　费用名称：

应收金额：　1.50 实收金额：　1.50 收费渠道：

本回单为第一次打印，注意重复　打印日期：　2016年　11月　20日　打印柜员：3　验证码：0A87640EF031

（印章：中国工商银行福山区支行 业务专用章 (1)）

图 4－15－2 手续费支付凭证

中国工商银行

本　　票　　2　　— — 23091171

付款期限 贰 个月

出票日期（大写） 贰零壹陆 年 壹拾壹 月 零贰拾 日

收款人：潍坊康华制盖厂	申请人：烟台威诚酒业有限公司
凭票即付 人民币（大写） 叁万伍仟壹佰元整	¥35100.00
转账 ☑ 现金 ☐	
备注：	出纳　　复核　　经办

此联出票行结清本票时作借方凭证

（印章：中国工商银行福山区支行 2356001899 66 本票专用章；李真真）

图 4－15－3 银行本票

1300237812　　**山东增值税专用发票**　　№ 23670013　　1300237812　23670013

此联不作报销、扣税凭证使用

校验码 12387 23671 12097 632　　开票日期：2016年11月21日

购买方	名　　称：济南凯悦大酒店 纳税人识别号：913701003798113403 地 址、电 话：济南市历城区太河路77号 0531-6831673 开户行及账号：中国工商银行历城支行 6222027800023670912	密码区	-65745<19458<3840481700**12 5/37503848*7>234504>-00*003 2//5>*8574567-7<8*87309-007 <413-3001152-/7142>>8088009

货物或应税劳务、服务名称	规格型号	单位	数量	单价	金额	税率	税额
洋河醇		箱	300	400.00	120000.00	17%	20400.00
合　　计					¥120000.00		¥20400.00
价税合计（大写）	⊗壹拾肆万零肆佰元整				（小写）¥140400.00		

销售方	名　　称：烟台威诚酒业有限公司 纳税人识别号：913706009662086530 地 址、电 话：烟台市福山区香山路18号 0535-6856210 开户行及账号：中国工商银行福山区支行 2358432584570368999	备注	

收款人：　　复核：　　开票人：罗晓芳　　销售方：（章）

税总函［2015］562号海南华森实业公司

第一联：记账联　销售方记账凭证

（印章：烟台威诚酒业有限公司 913706009662086530 发票专用章）

图 4-16-1　增值税专用发票

出 库 单

出货单位：烟台威诚酒业有限公司　　2016 年 11 月 21 日　　单号：6711001

提货单位或领货部门	济南凯悦大酒店	销售单号	6398211	发出仓库	仓库一	出库日期	2016-11-21

编号	名称及规格	单位	数量 应发	数量 实发	单价	金额	备注
	洋河醇	箱	300	300	468.00	140,400.00	
	合计		300	300	468.00	140,400.00	

部门经理：陈亮　　会计：刘静　　仓库：周涛　　经办人：刘三琴

会计联

（印章：烟台威诚酒业有限公司 财务专用章）

图 4-16-2　出库单

实操提示：手续费支付凭单见图 4-17-1；其他单据见单据簿第 49 页的业务委托书（单据 4-17-1）。

ICBC 中国工商银行　　**业务回单**（付款）

日期：　2016年　11月　21日　　回单编号：1534900005

付款人户名：烟台威诚酒业有限公司　　付款人开户行：中国工商银行福山区支行

付款人账号（卡号）：2358432584570368999

收款人户名：　　收款人开户行：

收款人账号（卡号）：

金额：壹拾元整　　小写：　10.00元

业务（产品）种类：结算业务凭证　　凭证种类：000000000　　凭证号码：0000000000000000

摘要：手续费　　用途：　　币种：人民币

交易机构：0410000234　记账柜员：03745　交易代码：02123　渠道：柜面

产品名称：　　费用名称：

应收金额：　10.00　实收金额：　10.00　收费渠道：

本回单为第一次打印，注意重复　　打印日期：　2016年　11月　21日　　打印柜员：9　验证码：0A87?40EF006

（印章：中国工商银行福山区支行 业务专用章 (1)）

图 4-17-1　业务回单（付款）

【任务18】 11月22日，行政部采用非定额备用金制度，张倩出差预借差旅费3 000元，以现金支付。

实操提示： 见单据簿第49页的借款单（单据4-18-1）。

【任务19】 11月23日，以转账支票支付烟台市广播电视台广告费120 000元。（此处假定生成的支付密码为2874-4023 9110-2783）

实操提示： 付款申请书见图4-19-1；其他单据见单据簿第30页的支票领用登记簿（单据4-1-1）、单据簿第50页的转账支票（单据4-19-1）。

付款申请书

2016 年11 月23日

<table>
<tr><td>用途及情况</td><td colspan="11">金额</td><td>收款单位（人）：烟台市广播电视台</td></tr>
<tr><td rowspan="2">支付广告费</td><td>亿</td><td>千</td><td>百</td><td>十</td><td>万</td><td>千</td><td>百</td><td>十</td><td>元</td><td>角</td><td>分</td><td>账号：6222027789134201120</td></tr>
<tr><td></td><td></td><td>¥</td><td>1</td><td>2</td><td>0</td><td>0</td><td>0</td><td>0</td><td>0</td><td>0</td><td>开户行：中国工商银行莱山支行</td></tr>
<tr><td>金额大写（合计）</td><td colspan="7">壹拾贰万元整</td><td colspan="5">电汇：☐ 转账：☑ 汇票：☐ 网银：☐ 其他：☐</td></tr>
<tr><td rowspan="2">总经理</td><td colspan="2" rowspan="2">孙明利</td><td colspan="3" rowspan="2">财务部门</td><td>经　理</td><td colspan="2">刘静</td><td colspan="2" rowspan="2">采购部门</td><td>经　理</td><td>刘松</td></tr>
<tr><td>会　计</td><td colspan="2">李瑞</td><td>经办人</td><td>张涛</td></tr>
</table>

图4-19-1　付款申请书

【任务20】 11月25日，行政部张倩前来报销差旅费2 730元，交回多余款270元，企业行政部采用非定额备用金制度。

实操提示： 见单据簿第50～52页的差旅费报销单（单据4-20-1）、报销单据粘贴单（单据4-20-2）、航空运输电子客票行程单（单据4-20-3和单据4-20-4）、增值税普通发票（单据4-20-5）。

【任务21】 11月25日，企业的商业承兑汇票到期，票面金额350 000元，出纳办理托收手续。28日，款项到账。

实操提示： 见单据簿第37页的应收票据备查登记簿（单据4-5-3）、单据簿第53～55页的商业承兑汇票第二联（单据4-21-1）、托收凭证（单据4-21-2至单据4-21-6）。

【任务22】 11月28日，企业通过网银向东北红高粱基地支付货款45 200元，材料已验收入库。

实操提示： 付款申请书见图4-22-1、入库单见图4-22-2、增值税专用发票见图4-22-3；请登录实训平台，进入“出纳实训”课程，点击“模拟网银”进行转账付款模拟操作，并打印电子回单。

付款申请书

2016 年 11 月 28 日

用途及情况	金额											收款单位（人）：东北红高粱基地
	亿	千	百	十	万	千	百	十	元	角	分	账号：6222027812622330909
支付货款				¥	4	5	2	0	0	0	0	开户行：中国工商银行松北支行
金额大写（合计）	肆万伍仟贰佰元整											电汇：☐ 转账：☐ 汇票：☐ 网银：☑ 其他：☐

总经理	孙明利	财务部门	经　理	刘静	采购部门	经　理	刘松
			会　计	李瑞		经 办 人	张涛

图 4-22-1　付款申请书

入　库　单

2016 年 11 月 28 日　　　　单号 30562401

交来单位及部门	东北红高粱基地	验收仓库	仓库一	入库日期	2016-11-28		
编号	名称及规格	单位	数量		实际价格		财务联
			交库	实收	单价	金额	
	高粱	斤	20000	20000	2.00	40000.00	
合　计			20000	20000	2.00	40000.00	

财务经理：刘静　　仓库主管：周涛　　经办人：刘三琴　　制单人：张明

图 4-22-2　入库单

【任务 23】　11 月 29 日，企业使用工商银行网银系统，查询当日烟台旺旺集团通过网银汇来的款项 140 400 元，支付前欠货款，出纳员查询网银是否收到。

实操提示： 请登录实训平台，进入“出纳实训”课程，点击“模拟网银”进行相关模拟操作，并打印电子回单。

【任务 24】　11 月 30 日，企业清查小组对库存现金进行月末盘点，库存现金日记账余额与库存现金账实相符，金额为 1 768.2 元（见图 4-24-1）。

【任务 25】　11 月 30 日，工行的银行存款日记账余额为 936 379.87 元，截至 11 月 30 日银行对账单余额为 1 005 879.87 元。建设银行银行存款账户账实相符，不存在未达账项。经核对，中国工商银行账户 11 月份有如下未达账项。

（1）29 日，银行代企业收取货款 50 000 元，银行已收款入账，企业未登记入账。

（2）29 日，银行代企业付水费 32 000 元，银行已付款入账，企业未登记入账。

3200167230　　**黑龙江增值税专用发票**　　№ 21280921　　3200167230 21280921

校验码 12376 23476 34422 130　　开票日期：2016年11月28日

购买方	名称：烟台威诚酒业有限公司 纳税人识别号：913706009662086530 地址、电话：烟台市福山区香山路18号 0535-6856210 开户行及账号：中国工商银行福山区支行 2358432584570368999			密码区	-65745<19458<3840481700**02 5/37503848*7>234504>-00*006 2//5>*8574567-7<8*87309-005 <413-3001152-/7142>>8088003		
货物或应税劳务、服务名称	规格型号	单位	数量	单价	金额	税率	税额
高粱			20000	2.00	40000.00	13%	5200.00
合计					¥40000.00		¥5200.00
价税合计（大写）	⊗肆万伍仟贰佰元整				（小写）¥45200.00		
销售方	名称：东北红高粱基地 纳税人识别号：9123010089226712N1 地址、电话：哈尔滨市松北区桃花一路68号 0451-6783261 开户行及账号：中国工商银行松北支行 6222027812622330909			备注	东北红高粱（集团）基地 9123010089226712N1 发票专用章		

收款人：　　复核：　　开票人：李红　　销售方：（章）

第三联：发票联　购买方记账凭证

图 4-22-3　增值税专用发票

库存现金盘点表

2016 年 11 月 30 日　　　　单位：烟台威诚酒业有限公司

票面额	张数	金额	票面额	张数	金额
壹佰元	17	1 700.00	伍角		
伍拾元	1	50.00	贰角	1	0.20
贰拾元			壹角		
拾元	1	10.00	伍分		
伍元	1	5.00	贰分		
贰元			壹分		
壹元	3	3	合计	25	1 768.20
现金日记账账面余额：1 768.20					
差额：0					
处理意见：库存现金账实相符					

财务经理：刘静　　监盘人员：李瑞　　出纳：黄莉

图 4-24-1　库存现金盘点表

（3）30 日，企业送存转账支票 8 500 元，企业已收款入账，银行未登记入账。

（4）30 日，企业开出转账支票预付货款 60 000 元，企业已入账，持票人未到银行办理转账。

实操提示：见单据簿第 56 页的银行存款余额调节表（单据 4-25-1）。

【任务 26】　11 月 30 日，出纳员对库存现金日记账进行月结。

实操提示：库存现金日记账见单据簿第 58 页。

【任务27】　11月30日，出纳员对银行存款日记账进行月结（工行、建行）。

实操提示：银行存款日记账见单据簿第61、62页。

【任务28】　11月30日，根据库存现金、银行存款日记账编制本月16—30日的出纳报告单。编号1102。

实操提示：见单据簿第56页的出纳报告单（单据4-28-1）。

图书在版编目(CIP)数据

出纳实训：手工实操与在线实训/姜亚琼主编．—北京：中国人民大学出版社，2017.8
（会计手工实操与在线实训系列规划教材）
ISBN 978-7-300-24488-4

Ⅰ.①出… Ⅱ.①姜… Ⅲ.①出纳-教材 Ⅳ.①F231.7

中国版本图书馆 CIP 数据核字（2017）第 123152 号

会计手工实操与在线实训系列规划教材
出纳实训——手工实操与在线实训
姜亚琼 主 编
孙 梁 佟 昕 副主编
Chuna Shixun——Shougong Shicao yu Zaixian Shixun

出版发行	中国人民大学出版社		
社　　址	北京中关村大街 31 号	**邮政编码**	100080
电　　话	010－62511242（总编室）		010－62511770（质管部）
	010－82501766（邮购部）		010－62514148（门市部）
	010－62515195（发行公司）		010－62515275（盗版举报）
网　　址	http://www.crup.com.cn		
经　　销	新华书店		
印　　刷	北京昌联印刷有限公司		
规　　格	185 mm×260 mm　16 开本	**版　　次**	2017 年 8 月第 1 版
印　　张	12.5　插页 1	**印　　次**	2022 年 8 月第 7 次印刷
字　　数	150 000	**定　　价**	55.00 元

出纳实训
单据簿

出纳实训单据目录

续前表

部分	模块	项目	任务序号	原始单据		
				单据序号	名称	页码
		项目 2　银行汇票结算业务	2	2-2-1	业务委托书	14
				2-2-2	银行汇票登记簿	14
				2-2-3	银行汇票第二联	15
				2-2-4	进账单（贷方凭证）	15
				2-2-5	进账单（回单）	16
				2-2-6	进账单（收账通知）	16
				2-2-7	银行汇票（解讫通知）	17
		项目 3　银行本票结算业务	3	2-3-1	业务委托书	17
				2-3-2	银行本票登记簿	18
				2-3-3	银行本票第二联	18
				2-3-4	进账单（贷方凭证）	19
				2-3-5	进账单（回单）	19
				2-3-6	进账单（收账通知）	19
		项目 4　电汇结算业务	4	2-4-1	业务委托书	20
		项目 5　商业汇票结算业务	5	2-5-1	银行承兑汇票申请书	21
				2-5-2	银行承兑协议	22
				2-5-3	转账支票	22
				2-5-4	应付票据备查登记簿	23
				2-5-5	应收票据备查登记簿	23
				2-5-6	收款收据（存根联）	23
				2-5-7	收款收据（收据联）	24
				2-5-8	收款收据（会计联）	24
			6	2-6-1	银行承兑汇票第二联	25
				2-6-2	托收凭证（受理回单）	25
				2-6-3	托收凭证（贷方凭证）	26
				2-6-4	托收凭证（借方凭证）	26
				2-6-5	托收凭证（汇款依据或收账通知）	27
				2-6-6	托收凭证（付款通知）	27
			7	2-7-1	商业承兑汇票第二联	28
				2-7-2	商业承兑汇票背书粘贴单	28

续前表

部分	模块	项目	任务序号	原始单据		
				单据序号	名称	页码
		项目6　网银结算业务	8	—	—	—
			9	—	—	—
		项目7　银行存款余额表的编制	10	2-10-1	银行存款余额调节表	29
		项目8　银行存款日记账月结	11	—	银行存款日记账	59、60
		项目9　出纳报告单的编制	12	2-12-1	出纳报告单	29
	模块3　出纳网上银行常见业务单项实训	项目1　查询打印	1	—	—	—
			2	—	—	—
			3	—	—	—
			4	—	—	—
		项目2　转账支付	5	—	—	—
			6	—	—	—
			7	—	—	—
			8	—	—	—
			9	—	—	—
			10	—	—	—
		项目3　代发工资	11	—	—	—
			12	—	—	—
			13	—	—	—
		项目4　银企对账	14	—	—	—
			15	—	—	—
			16	—	—	—
第二部分　出纳常见业务综合实训	综合实训业务	—	1	4-1-1	支票领用登记簿	30
		—		4-1-2	现金支票	30
		—	2	4-2-1	差旅费报销单	31
		—		4-2-2	报销单据粘贴单	31
		—		4-2-3	航空运输电子客票行程单	32
		—		4-2-4	航空运输电子客票行程单	32
		—		4-2-5	增值税普通发票	32

续前表

部分	模块	项目	任务序号	原始单据		
				单据序号	名称	页码
		—	3	4－3－1	收款收据（存根联）	33
		—		4－3－2	收款收据（收据联）	33
		—		4－3－3	收款收据（会计联）	34
		—	4	4－4－1	银行本票第二联	34
		—		4－4－2	进账单（贷方凭证）	35
		—		4－4－3	进账单（回单）	35
		—		4－4－4	进账单（收账通知）	35
		—	5	4－5－1	银行承兑汇票第二联	36
		—		4－5－2	银行承兑汇票背书粘贴单	36
		—		4－5－3	应收票据备查登记簿	37
		—	6	4－6－1	业务委托书	37
		—		4－6－2	银行汇票登记簿	38
		—	7	4－7－1	银行汇票（多余款收账通知）	38
		—	8	4－8－1	现金存款凭条（银行核对联）	39
		—		4－8－2	现金存款凭条（客户核对联）	39
		—	9	4－9－1	转账支票（正联）	40
		—		4－9－2	收款收据（存根联）	40
		—		4－9－3	收款收据（收据联）	41
		—		4－9－4	收款收据（会计联）	41
		—		4－9－5	进账单（贷方凭证）	42
		—		4－9－6	进账单（回单）	42
		—		4－9－7	进账单（收账通知）	42
		—	10	4－10－1	现金支票	43
		—	11	—	—	—
		—	12	4－12－1	10月份临时工工资发放表	43
		—	13	4－13－1	出纳报告单	43
		—	14	4－14－1	银行承兑汇票申请书	44
		—		4－14－2	银行承兑协议	45
		—		4－14－3	应付票据备查登记簿	45
		—	15	4－15－1	业务委托书	46
		—		4－15－2	银行本票登记簿	46

续前表

部分	模块	项目	任务序号	原始单据		
				单据序号	名称	页码
		—	16	4-16-1	银行汇票第二联	47
		—		4-16-2	银行汇票（解讫通知）	47
		—		4-16-3	进账单（贷方凭证）	48
		—		4-16-4	进账单（回单）	48
		—		4-16-5	进账单（收账通知）	48
		—	17	4-17-1	业务委托书	49
		—	18	4-18-1	借款单	49
		—	19	4-19-1	转账支票	50
		—	20	4-20-1	差旅费报销单	50
		—		4-20-2	报销单据粘贴单	51
		—		4-20-3	航空运输电子客票行程单	51
		—		4-20-4	航空运输电子客票行程单	52
		—		4-20-5	增值税普通发票	52
		—	21	4-21-1	商业承兑汇票第二联	53
		—		4-21-2	托收凭证（受理回单）	53
		—		4-21-3	托收凭证（贷方凭证）	54
		—		4-21-4	托收凭证（借方凭证）	54
		—		4-21-5	托收凭证（汇款依据或收账通知）	55
		—		4-21-6	托收凭证（付款通知）	55
			22	—		—
			23	—	—	—
			24	—	—	—
			25	4-25-1	银行存款余额调节表	56
			26	—	库存现金日记账	57、58
			27	—	银行存款日记账	59～62
			28	4-28-1	出纳报告单	56

单据 1－1－1

支票领用登记簿

支票号码	收款单位	出票日期	金额	用途	领票人	备注

单据 1－1－2

中国工商银行
现金支票存根
30109310
20161001

附加信息

出票日期　　年　　月　　日

收款人：

金　额：

用　途：

单位主管　　　　会计

中国工商银行　现金支票　　30109310　20161001

付款期限自出票之日起十天

出票日期（大写）　　年　　月　　日　　付款行名称：

收款人：　　出票人账号：

人民币（大写）	亿	千	百	十	万	千	百	十	元	角	分

用途　　密码

上列款项请从　　行号

我账户内支付

出票人签章　　复核　　记账

单据 1－2－1

ICBC 中国工商银行　　现金存款凭条

年　　月　　日

存款人	全称			
	账号		款项来源	
	开户行		交款人	

金额（大写）	千	百	十	万	千	百	十	元	角	分

票面	张数	十	万	千	百	十	元	角	分	票面	张数	千	百	十	元	角	分	备注
壹佰元										伍角								
伍拾元										贰角								
贰拾元										壹角								
拾元										伍分								
伍元										贰分								
贰元										壹分								
壹元										其他								

第一联　银行核对联

190mm×100mm　GH 082398

附加信息:

收款人签章
年 月 日

身份证件名称: 发证机关:

号码

(贴粘单处)

根据《中华人民共和国票据法》等法律法规的规定,签发空头支票由中国人民银行处以票面金额5%但不低于1000元的罚款。

上海金达证券印刷有限公司·2012年印制

单据 1－2－2

ICBC 中国工商银行　　　　现金存款凭条

年　　月　　日

存款人	全 称			
	账 号		款项来源	
	开户行		交 款 人	
金额（大写）			千 百 十 万 千 百 十 元 角 分	

票面	张 数	十	万	千	百	十	元	角	分	票面	张 数	千	百	十	元	角	分	备注
壹佰元										伍 角								
伍拾元										贰 角								
贰拾元										壹 角								
拾 元										伍 分								
伍 元										贰 分								
贰 元										壹 分								
壹 元										其 他								

190mm×100mm

第二联　客户核对联

注：此联不作为入账依据

单据 1－3－1

收　款　收　据　　　　NO. 6013557

年　月　日

今　收　到 ______________________________

____

金额（大写）______ 拾　万　仟　佰　拾　元　角　分

¥ __________　　☐ 现金　☐ 支票　☐ 信用卡　☐ 其他　　收款单位（盖章）

核准　　会计　　记账　　出纳　　经手人

第一联存根联

单据 1－3－2

收 款 收 据

NO. 6013557

年 月 日

今 收 到 ________________________________

____

金额（大写）___拾___万___仟___佰___拾___元___角___分

¥ ________ □现金 □支票 □信用卡 □其他 收款单位（盖章）

第二联收据联

核准　　会计　　记账　　出纳　　经手人

单据 1－3－3

收 款 收 据

NO. 6013557

年 月 日

今 收 到 ________________________________

____

金额（大写）___拾___万___仟___佰___拾___元___角___分

¥ ________ □现金 □支票 □信用卡 □其他 收款单位（盖章）

第三联会计联

核准　　会计　　记账　　出纳　　经手人

单据 1－4－1

8月困难补助发放表

单位：山东吉贝食品有限公司　　　　金额：元

姓名	部门	补助金额	领款签字
张成远	生产车间	300.00	
吴恒鹏	生产车间	300.00	
孙清清	销售部	300.00	

审核：张丽红　　　　制单：江林

单据 1－5－1

定额备用金申请表

计量单位：元

申请部门	销售部	申请金额	2000.00
申请用途	备用金	申请人	王军
备用金保管人	王军	保管方式	
申请部门负责人	王宇		
审批 总经理：李茂林 2016年 09月 12日		入台账 财务部： 年 月 日	

单据 1－5－2

借 款 单

2016 年 09 月 12 日

借款部门	销售部	姓名	王军	事由	备用金		
借款金额（大写）	零万 贰仟 零佰 零拾 零元 零角 零分 ¥ 2,000.00						
领导审批	李茂林	财务审批	张丽红	部门审批	王宇	出纳付款	
借款人	王军	备注					

单据 1-6-1-1

差旅费报销单

报销部门：销售部　　　　2016 年　09 月　18 日

姓名	王军		职务	销售人员		出差事由	业务需要		
出差起止日期自2016年 09月 15日起至2016年 09月 17日共 3天 附单据 4张									

日期		起讫地点	差旅补助			交通费	住宿费	会务费	其他	小计
月	日		天数	标准	金额					
09	15	烟台-大连				520.00			120.00	640.00
09	17	大连-烟台	3	50.00	150.00	460.00	600.00			1 210.00
		合计			150.00	980.00	600.00		120.00	1 850.00

合计人民币(大写)壹仟捌佰伍拾元整

预领金额：2 000 元　　交(退)回金额　　元　应补付金额　1 850.00元

单位负责人：王拥军　　会计主管：张丽红　　部门主管：王宇　　报销人：王军

单据 1-6-1-2

航空运输电子客票行程单
ITINERARY/RECEIPT OF E-TICKET FOR AIR TRANSPORT

印刷序号：2265720111
SERIAL NUMBER:

旅客姓名 NAME OF PASSENGER	有效身份证件号码 ID.NO.	签注 ENDORSEMENTS/RESTRICTIONS (CARBON)
王军	110212199009263166	不得签转改退收费

	承运人 CARRIER	航班号 FLIGHT	座位等级 CLASS	日期 DATE	时间 TIME	客票级别/客票类别 FARE BASIS	客票生效日期 NOTVALID BEFORE	有效截止日期 NOTVALID AFTER	免费行李 ALLOW
自 FROM 烟台		AF-8081		2016-09-15	09:20	RPR10			20k
至 TO 大连		VOID							
至 TO									
至 TO									
至 TO									

票价 FARE	机场建设费 AIRPORT TAX	燃油附加费 FUEL SURCHARGE	其他税费 OTHER TAXES	合计 TOTAL
CNY 470.00	CN 50.00	YQ EXEMPT		CNY 520.00

电子客票号码 E-TICKETNO. 1376785622098　　验证码 CK. 9000　　提示信息 INFORMATION　　保险费 INSURANCE

销售单位代号 AGENTCODE. GZ004123450000　　填开单位 ISSUEDBY 中国南方航空股份有限公司　　填开日期 DATE OF ISSUE 2016-09-15

验真网址：WWW.TRAVELSKY.COM　服务热线：400-815-8888　短信验真：发送JP至10669018

请旅客乘机前认真阅读《旅客须知》及承运人的运输总条件内容
The Important Notice and the general conditions of carriage must be read before travelling.

付款凭证 RECEIPT　　手写无效 INVALID IN HANDWRITING

单据 1-6-1-3

航空运输电子客票行程单
ITINERARY/RECEIPT OF E-TICKET FOR AIR TRANSPORT

印刷序号：2183898231 SERIAL NUMBER:

旅客姓名 NAME OF PASSENGER	有效身份证件号码 ID.NO.	签注 ENDORSEMENTS/RESTRICTIONS (CARBON)
王军	110212199009263166	不得签转改退收费

	承运人 CARRIER	航班号 FLIGHT	座位等级 CLASS	日期 DATE	时间 TIME	客票级别/客票类别 FARE BASIS	客票生效日期 NOT VALID BEFORE	有效截止日期 NOT VALID AFTER	免费行李 ALLOW
自 FROM 大连		AF-9043		2016-09-17	10:12	RPR10			20k
至 TO 烟台		VOID							
至 TO									
至 TO									
至 TO	票价 FARE CNY 410.00		机场建设费 AIRPORT TAX CN 50.00		燃油附加费 YQ EXEMPT	其他税费 OTHER TAXES	合计 TOTAL CNY 460.00		

电子客票号码 E-TICKET NO. 1376786723561　验证码 CK. 9067　提示信息 INFORMATION　保险费 INSURANCE

销售单位代号 AGENT CODE GZ004123778822　填开单位 ISSUED BY 中国东方航空股份有限公司　填开日期 DATE OF ISSUE 2016-09-17

验真网址：WWW.TRAVELSKY.COM　服务热线：400-815-8888　短信验真：发送JP至10669018

付款凭证 RECEIPT　手写无效 INVALID IN HANDWRITING

（印章：中国东方航空股份有限公司 发票专用章）

单据 1-6-1-4

2800113420

辽宁增值税普通发票

№ 23906611　2800113420　23906611

校验码 12397 23676 09724 123　开票日期：2016年9月17日

购买方	
名称	山东吉贝食品有限公司
纳税人识别号	913706002281956436
地址、电话	烟台市芝罘区幸福中路166号 0535-6859332
开户行及账号	中国工商银行芝罘区幸福支行 2900132190007710981

密码区：
-65745<19458<3840481700**89
5/37503848*7>234504>-00*036
2//5>*8574567-7<8*87309-023
<413-3001152-/7142>>8088067

货物或应税劳务、服务名称	规格型号	单位	数量	单价	金额	税率	税额
住宿费					582.52	3%	17.48
合计					¥582.52		¥17.48
价税合计（大写）	⊗陆佰元整				（小写）¥600.00		

销售方	
名称	大连新来酒店有限公司
纳税人识别号	91210200021134003N
地址、电话	大连市中山区民族路89号 0411-5611782
开户行及账号	中国工商银行中山支行 6212267822664420167

备注：（印章：大连新来酒店有限公司 91210200021134003N 发票专用章）

收款人：　复核：　开票人：陈欣悦　销售方：（章）

第二联：发票联 购买方记账凭证

单据 1-6-1-5

存根

出租汽车专用发票

代码 135021517654
号码 06966733
监督电话：010-65339055
国税登记证号码：
010622495590
流水号：
902122715763
手写无效
车号 鲁F2421F
证号 18812331
日期 2016年09月15日
[redacted]
上车 05:30
下车 [illegible]
单价 3.00元/公里
里程 [illegible]
等候 00:1[illegible]:54
金额 120.00
[redacted]
含电调费
卡号　路桥费
原额
余额

（印章：烟台市出租汽车有限公司 发票专用章）

单据 1－6－2－1

差旅费报销单

报销部门：销售部　　　　2016 年　09 月　18 日

姓名	王军	职务	销售人员	出差事由	业务需要

出差起止日期自2016年　09月　15日起至2016年　09月　17日共　3天　　附单据　4张

日期		起讫地点	差旅补助			交通费	住宿费	会务费	其他	小计
月	日		天数	标准	金额					
09	15	烟台-大连				520.00			120.00	640.00
09	18	大连-烟台	3	50.00	150.00	460.00	600.00			1210.00
		合计			150.00	980.00	600.00		120.00	1850.00

合计人民币(大写)壹仟捌佰伍拾元整

预领金额：2000　元　　交(退)回金额　150.00元　应补付金额　0.00元

单位负责人：王拥军　　会计主管：张丽红　　部门主管：王宇　　报销人：王军

单据 1－6－2－2

收　款　收　据

NO. 6013558

年　月　日

今　收　到＿＿＿＿＿＿＿＿＿＿＿＿＿＿＿＿＿＿＿＿

＿＿＿＿＿＿＿＿＿＿＿＿＿＿＿＿＿＿＿＿＿＿＿＿

金额（大写）＿＿拾　万　仟　佰　拾　元　角　分

￥＿＿＿＿＿　☐ 现金　☐ 支票　☐ 信用卡　☐ 其他　　收款单位（盖章）

第一联存根联

核准　会计　记账　出纳　经手人

单据 1－6－2－3

收款收据

NO. 6013558

年　月　日

今收到

金额（大写）　拾　万　仟　佰　拾　元　角　分

¥　　☐现金　☐支票　☐信用卡　☐其他　　收款单位（盖章）

第二联收据联

核准　会计　记账　出纳　经手人

单据 1－6－2－4

收款收据

NO. 6013558

年　月　日

今收到

金额（大写）　拾　万　仟　佰　拾　元　角　分

¥　　☐现金　☐支票　☐信用卡　☐其他　　收款单位（盖章）

第三联会计联

核准　会计　记账　出纳　经手人

单据 1－7－1

收 款 收 据

NO. 6013559

年 月 日

今 收 到 ______________________________

____

金额（大写）______ 拾 万 仟 佰 拾 元 角 分

¥ ________ ☐ 现金 ☐ 支票 ☐ 信用卡 ☐ 其他 收款单位（盖章）

第一联存根联

核准 会计 记账 出纳 经手人

单据 1－7－2

收 款 收 据

NO. 6013559

年 月 日

今 收 到 ______________________________

____

金额（大写）______ 拾 万 仟 佰 拾 元 角 分

¥ ________ ☐ 现金 ☐ 支票 ☐ 信用卡 ☐ 其他 收款单位（盖章）

第二联收据联

核准 会计 记账 出纳 经手人

单据 1-7-3

收款收据

NO. 6013559

年 月 日

今收到

金额（大写） 拾 万 仟 佰 拾 元 角 分

¥ ☐现金 ☐支票 ☐信用卡 ☐其他

收款单位（盖章）

第三联会计联

核准 会计 记账 出纳 经手人

单据 2-1-1

中国工商银行
转账支票存根
30209320
20162001

附加信息

出票日期 年 月 日

收款人:

金 额:

用 途:

单位主管 会计

中国工商银行 转账支票

30209320
20162001

出票日期（大写） 年 月 日 付款行名称:

收款人: 出票人账号:

付款期限自出票之日起十天

人民币（大写）	亿	千	百	十	万	千	百	十	元	角	分

用途 密码

上列款项请从 行号

我账户内支付

出票人签章 复核 记账

附加信息:	被背书人	被背书人
	背书人签章 年 月 日	背书人签章 年 月 日

（贴粘单处）

根据《中华人民共和国票据法》等法律法规的规定，签发空头支票由中国人民银行处以票面金额5%但不低于1000元的罚款。

上海金达证券印刷有限公司 · 2012年印制

单据 2－1－2

收　款　收　据

NO. 6013560

年　月　日

今　收　到

金额（大写）　拾　万　仟　佰　拾　元　角　分

￥　☐现金　☐支票　☐信用卡　☐其他　收款单位（盖章）

核准　会计　记账　出纳　经手人

第一联存根联

单据 2－1－3

收　款　收　据

NO. 6013560

年　月　日

今　收　到

金额（大写）　拾　万　仟　佰　拾　元　角　分

￥　☐现金　☐支票　☐信用卡　☐其他　收款单位（盖章）

核准　会计　记账　出纳　经手人

第二联收据联

单据 2－1－4

收款收据

NO. 6013560

年 月 日

今收到

金额（大写） 拾 万 仟 佰 拾 元 角 分

￥

☐现金 ☐支票 ☐信用卡 ☐其他

收款单位（盖章）

第三联会计联

核准 会计 记账 出纳 经手人

单据 2－1－5

中国工商银行 转账支票

30209320

20162001

出票日期（大写） 贰零壹陆 年 零玖 月 零叁 日

付款行名称：中国工商银行城阳支行

收款人：山东吉贝食品有限公司

出票人账号：6212263550366712009

人民币（大写）	亿	千	百	十	万	千	百	十	元	角	分
壹拾万伍仟叁佰元整			￥	1	0	5	3	0	0	0	0

用途 偿还前欠货款

密码 2561-3241 6655-4322

行号

上列款项请从

我账户内支付

出票人签章

青岛友谊百货有限公司 财务专用章

罗琳印琳

复核 记账

付款期限自出票之日起十天

附加信息:	被背书人	被背书人	（贴粘单处）
	背书人签章 年　月　日	背书人签章 年　月　日	

上海金融证券印刷有限公司·2012年印制

单据 2－1－6

ICBC 中国工商银行　　进账单(贷方凭证) 1

年　月　日　　No

出票人	全　称		收款人	全　称	
	账　号			账　号	
	开户银行			开户银行	
金额	人民币 (大写)				亿 千 百 十 万 千 百 十 元 角 分
票据种类		票据张数			
票据号码					
备注:			复核:	记账:	

175*85mm GH066011

此联由收款人开户银行作贷方凭证

单据 2－1－7

ICBC 中国工商银行　　进账单(回　单) 2

年　月　日　　No

出票人	全　称		收款人	全　称	
	账　号			账　号	
	开户银行			开户银行	
金额	人民币 (大写)				亿 千 百 十 万 千 百 十 元 角 分
票据种类		票据张数			
票据号码					
备注: 复核:　记账:				开户银行签章	

175*85mm GH066011

此联是开户银行交给持出票人的回单

单据 2－1－8

ICBC 中国工商银行　　进账单(收账通知) 3

年　月　日　　No

出票人	全　称		收款人	全　称	
	账　号			账　号	
	开户银行			开户银行	
金额	人民币 (大写)				亿 千 百 十 万 千 百 十 元 角 分
票据种类		票据张数			
票据号码					
备注: 复核:　记账:				收款人开户银行签章	

175*85mm GH066011

此联是收款人开户银行交给收款人的收账通知

单据 2－2－1

ICBC 中国工商银行

业务委托书
APPLICATION FOR MONEY TRANSFER

委托日期 Date　年 Y　月 M　日 D

业务类型 Application For Money	□现金汇款 Cash Remittance	□转账汇款 Transfer Remittance	□汇票申请书 D/D	□本票申请书 P/D	□其他 Others

委托人 Principal		收款人 Payee	
全称 Full name		全称 Full name	
账号或地址 Account number or Addr.		账号或地址 Account number or Addr.	
开户行名称 Account Bank name		开户行名称 Account Bank name	
汇款方式 Type of Remittance	□普通 Regular □加急 Urgent 加急汇款签字 Signature For Urgent Payment	开户银行 Account Bank	省 Province 市 City

币种及金额（大写） Currency and amount in words		亿	千	百	十	万	千	百	十	元	角	分
用途 In Payment of		支付密码 S.C.										

委托人确认上列委托信息填写正确，且已完全理解和接受背面“客户须知”的内容，上列款项及相关费用请从委托人账户内支付。
The above information has been confirmed correctly. The notion has been fully understood and accepted. The above remittance and related charges will be drawn from the referent account.

委托人签章 Principal Signature and\or stamp

银行填写 Bank Use	□联动收费	□非联动收费	□不收费	备注: Remarks

受理（扫描）:　　审核:

正联 (2010) First Page　210x150mm

ICBC 中国工商银行

业务委托书 回执
APPLICATION FOR MONEY TRANSFER　ACCEPT NOTICE

委托人全称 Name of Principal	
委托人账号 A/C of Principal	
收款人全称 Name of Payee	
收款人账号 A/C of Payee	
金额 Amount	
委托日期 Date	

此联为银行受理通知书，若委托人申请汇票或本票业务，应凭此联领取汇票或本票。
This paper is the bank acceptance advice. For draft or promissory note application, please return this paper.

单据 2－2－2

银行汇票登记簿

汇票号码	收款单位	出票日期	金额	用途	领票人	备注

单据 2－2－3

中国工商银行

银行汇票 2

68791083
30583900

出票日期（大写） 贰零壹陆 年 零玖 月 零捌 日

代理付款行：中国工商银行芝罘区幸福支行　行号：

提示付款期限自出票之日起壹个月

收款人：广州聚信食品包装机械有限公司		
出票金额	人民币（大写） 贰拾万元整	¥200000.00
实际结算金额	人民币（大写）	亿 千 百 十 万 千 百 十 元 角 分

申请人：山东吉贝食品有限公司　账号：2900132190007710981

出票行：中国工商银行芝罘区幸福支行　行号：103321789023

备　注：支付货款

凭票付款

出票行签章

中国工商银行芝罘区幸福支行 103321789023 汇票专用章

周丹丹

密押：	
多余金额	
千 百 十 万 千 百 十 元 角 分	复核　记账

此联代理付款行付款后作联行往账借方凭证附件

单据 2－2－4

ICBC **中国工商银行**　进账单（贷方凭证） 1

年　月　日　№

出票人	全　称		收款人	全　称	
	账　号			账　号	
	开户银行			开户银行	
金额	人民币（大写）				亿 千 百 十 万 千 百 十 元 角 分
票据种类		票据张数			
票据号码					
备注：				复核：　记账：	

175*85mm GH066011

此联由收款人开户银行作贷方凭证

被背书人	被背书人
背书人签章 年　月　日	背书人签章 年　月　日
持票人向银行 提示付款签章:	身份证件名称:　　发证机关: 号码

单据 2－2－5

ICBC 中国工商银行　　进账单（回　单）2

年　月　日　　№

出票人	全　称		收款人	全　称	
	账　号			账　号	
	开户银行			开户银行	

金额	人民币（大写）	亿	千	百	十	万	千	百	十	元	角	分

票据种类		票据张数	
票据号码			

备注：

复核：　　记账：　　开户银行签章

17.5×8.5cm GH066011

此联是开户银行交给（持）出票人的回单

单据 2－2－6

ICBC 中国工商银行　　进账单（收账通知）3

年　月　日　　№

出票人	全　称		收款人	全　称	
	账　号			账　号	
	开户银行			开户银行	

金额	人民币（大写）	亿	千	百	十	万	千	百	十	元	角	分

票据种类		票据张数	
票据号码			

备注：

复核：　　记账：　　收款人开户银行签章

17.5×8.5cm GH066011

此联是收款人开户银行交给收款人的收账通知

单据 2－2－7

中国工商银行

银行汇票（解讫通知） 3

68791083
30583900

出票日期（大写） 贰零壹陆 年 零玖 月 零捌 日

代理付款行：中国工商银行芝罘区幸福支行 行号：

收款人：广州聚信食品包装机械有限公司

出票金额 人民币（大写） 贰拾万元整 ¥200000.00

实际结算金额 人民币（大写） 壹拾捌万柒仟贰佰元整

亿	千	百	十	万	千	百	十	元	角	分
		¥	1	8	7	2	0	0	0	0

申请人：山东吉贝食品有限公司 账号：2900132190007710981

出票行：中国工商银行芝罘区幸福支行 行号：103321789023 密押：

备 注：支付货款

代理付款行签章

多余金额

千	百	十	万	千	百	十	元	角	分
	¥	1	2	8	0	0	0	0	0

复核 经办 复核 记账

提示付款期限自出票之日起壹个月

此联代理付款行兑付后随报单寄出票行，由出票行作多余款贷方凭证

单据 2－3－1

ICBC 中国工商银行

业务委托书
APPUCATOON FOA MONEY TRANSFER

委托日期 Date 年 Y 月 M 日 D

业务类型 Application Foa Money：□现金汇款 Cash Remittance □转账汇款 Transfer Remittance □汇票申请书 D/D □本票申请书 P/D □其他 Others

委托人 Principal		收款人 Payee	
全 称 Full name		全 称 Full name	
账号或地址 Account number or Addr.		账号或地址 Account number or Addr.	
开户行名称 Account Bank name		开户行名称 Account Bank name	
汇款方式 Type of Remittance □普通 Regular □加急 Urgent 加急汇款签字 Signature For Urgent Payment		开户银行 Account Bank	省 Province 市 City

币种及金额（大写） Currency and amount in words

亿	千	百	十	万	千	百	十	元	角	分

用途 In Payment of　　支付密码 S.C.

委托人确认上列委托信息填写正确，且已完全理解和接受背面"客户须知"的内容。上列款项及相关费用请从委托人账户内支付。
The above information has been confirmed correctly. The notice has been fully understood and accepted. The above remittance and related charges will be drawn from the referent account.

委托人签章 Principal Signature and\or stamp

银行填写 Bank Use □联动收费 □非联动收费 □不收费　备注：Remarks

受理（扫描）：　审核：

正联（2010）First Page　210x150mm

ICBC 中国工商银行
业务委托书 回执
APPUCATOON FOA MONEY TRANSFER ACCEPT NOTICE

委托人全称 Name of Principal	
委托人账号 A/C of Principal	
收款人全称 Name of Payee	
收款人账号 A/C of Payee	
金额 Amount	
委托日期 Date	

此联为银行受理通知书，若委托人申请汇票或本票业务，应凭此联领取汇票或本票。
This paper is the bank acceptance advice. For draft or promissory note application, please return this paper.

单据 2－3－2

银行本票登记簿

本票号码	收款单位	出票日期	金额	用途	领票人	备注

单据 2－3－3

中国工商银行
本　　票　　2　　——46880891

付款期限
贰 个月

出票日期（大写）　贰零壹陆 年　零玖 月　壹拾贰 日

收款人：山东吉贝食品有限公司	申请人：烟台振华集团
凭票即付　人民币（大写）　柒万零贰佰元整	¥70200.00
转账 ☑　　现金 ☐	
备注：	出纳　　复核　　经办

中国工商银行福山支行 1022679066 11 本票专用章

蔡小明

此联出票行结清本票时作借方凭证

被背书人	被背书人
背书人签章 年　月　日	背书人签章 年　月　日
持票人向银行 提示付款签章：	身份证件名称：　　发证机关： 号码

（粘贴单处）

单据 2-3-4

ICBC 中国工商银行　　进账单（贷方凭证） 1

年　月　日　　№

出票人	全　称		收款人	全　称	
	账　号			账　号	
	开户银行			开户银行	

金额	人民币（大写）	亿	千	百	十	万	千	百	十	元	角	分

票据种类		票据张数	
票据号码			

备注：

复核：　　记账：

175*85mm GH 066011

此联由收款人开户银行作贷方凭证

单据 2-3-5

ICBC 中国工商银行　　进账单（回　单） 2

年　月　日　　№

出票人	全　称		收款人	全　称	
	账　号			账　号	
	开户银行			开户银行	

金额	人民币（大写）	亿	千	百	十	万	千	百	十	元	角	分

票据种类		票据张数	
票据号码			

备注：

复核：　　记账：

开户银行签章

175*85mm GH 066011

此联是开户银行交给（持）出票人的回单

单据 2-3-6

ICBC 中国工商银行　　进账单（收账通知） 3

年　月　日　　№

出票人	全　称		收款人	全　称	
	账　号			账　号	
	开户银行			开户银行	

金额	人民币（大写）	亿	千	百	十	万	千	百	十	元	角	分

票据种类		票据张数	
票据号码			

备注：

复核：　　记账：

收款人开户银行签章

175*85mm GH 066011

此联是收款人开户银行交给收款人的收账通知

单据 2－4－1

ICBC 中国工商银行

业务委托书
APPUCATOON FOA MONEY TRANSFER

委托日期 Date　　年 Y　　月 M　　日 D

业务类型 Appucation Foa Money	☐现金汇款 Cash Remittance	☐转账汇款 Transfer Remittance	☐汇票申请书 D/D	☐本票申请书 P/D	☐其他 Others

委托人 Principal			收款人 Payee		
全称 Full name			全称 Full name		
账号或地址 Account number or Addr.			账号或地址 Account number or Addr.		
开户行名称 Account Bank name			开户行名称 Account Bank name		
汇款方式 Type of Remittance	☐普通 Regular ☐加急 Urgent	加急汇款签字 Signature For Urgent Payment	开户银行 Account Bank	省 Province	市 City

币种及金额（大写） Currency and amount in words	亿	千	百	十	万	千	百	十	元	角	分

用途 In Payment of		支付密码 S.C.	

委托人确认上列委托信息填写正确，且已完全理解和接受背面"客户须知"的内容，上列款项及相关费用请从委托人账户内支付。
The above information has been confirmed correctly. The notice has been fully understood and accepted. The above remittance and related charges will be drawn from the referent account.

委托人签章 Principal Signature and\or stamp

银行填写 Bank Use	☐联动收费	☐非联动收费	☐不收费	备注: Remarks

受理（扫描）:　　　　审核:

正联(2010) First Page　　210x150mm

ICBC 中国工商银行

业务委托书 回执
APPUCATOON FOA MONEY TRANSFER ACCEPT NOTICE

委托人全称 Name of Principal	
委托人账号 A/C of Principal	
收款人全称 Name of Payee	
收款人账号 A/C of Payee	
金额 Amount	
委托日期 Date	

此联为银行受理通知书，若委托人申请汇票或本票业务，应凭此联领取汇票或本票。
This paper is the bank acceptance advice. For draft or promissory note application, please return this paper.

单据 2－5－1

银行承兑汇票申请书

（适用于单位定期存单/保证金足额质押）

中国建设银行股份有限公司：

根据我司与贵行签订的编号为______________的《银行承兑协议》，我司向贵行申请承兑该协议书项下之银行承兑汇票，有关申请事项如下（可另列附表）：

收款人（全称）	收款人开户银行	收款人账号	汇票金额（元）	汇票期限
合计金额（大写）人民币				

我司愿意采用以下第______种担保方式对我司足额交存上述银行承兑汇票应付票款提供全额质押担保。

一、我司保证于_____年____月____日之前向乙方交存保证金。具体清单如下：

汇票金额（大写）	汇票收款人名称	保证金数额（人民币）	活期/定期	保证金账户/子账户册号，笔号

二、我司保证于_____年____月____日之前将定期存单交于贵行占管。具体清单如下：

定期存单编号	数量	金额（元）	备注

三、我司需在本申请书签署后两个月内向贵行提交增值税发票，若在规定时间内不能提供增值税发票的，在该规定时间后、补齐增值税发票前贵行有权拒绝接受我司在贵行的任何银行承兑汇票业务申请。

兹授权委托贵行按上述相关信息使用计算机打印商业汇票，我单位将对打印后的商业汇票相关信息进行核对，并在确认全部信息均无误的情况下签章出票。若票据相关信息仍存在不符或因贵行使用计算机打印引起的一切法律责任由我单位承担，与贵行无关。

敬请贵行对我司汇票承兑申请予以核准！

申请人盖章：

法定代表人（负责人）

或授权代理人签字：

年　　月　　日

单据 2－5－2

银行承兑协议 1

编号：2016 年承字第 0902006 号

银行承兑汇票的内容：

出票人全称：　　　　　　　　　　　　　　收款人全称：

开户银行：　　　　　　　　　　　　　　　开户银行：

账号：　　　　　　　　　　　　　　　　　账号：

汇票号码：　　　　　　　　　　　　　　　汇票金额（大写）：

出票日期：　　年　　月　　日　　　　　　到期日期：　　年　　月　　日

以上汇票经银行承兑，出票人愿意遵守《支付结算办法》的规定及以下条款：

一、出票人于汇票到期日前将应付票款足额交存承兑银行。

二、承兑手续费按票面金额千分之（　）计算，在银行承兑时一次付清。

三、出票人与持票人如发生任何交易纠纷，均由双方自行处理，票款于到期前按第一条办理不误。

四、承兑汇票到期日。承兑银行凭票无条件支付票款。到期日前如出票人不能足额交付票款时，承兑银行对不足支付部分的票款转作出票申请人逾期贷款，并按照有关规定计收罚息。

五、汇票款付清后，本协议自动失效。

承兑银行签章　　　　　　　　　　　　　　出票人签章

订立承兑协议日期　　　年　　月　　日

单据 2－5－3

中国建设银行
转账支票存根
30109320
20161101

附加信息

出票日期　年　月　日

收款人：

金　额：

用　途：

单位主管　　会计

中国建设银行　转账支票　　30109320
20161101

付款期限自出票之日起十天

出票日期（大写）　　年　　月　　日　　付款行名称：

收款人：　　　　　　　　　　　　　　　出票人账号：

人民币（大写）	亿	千	百	十	万	千	百	十	元	角	分

用途　　　　　　　　　　　　　　密码

上列款项请从　　　　　　　　　　行号

我账户内支付

出票人签章　　　　　　　　　　　复核　　记账

附加信息:	被背书人	被背书人
	背书人签章 年 月 日	背书人签章 年 月 日

（贴粘单处）

根据《中华人民共和国票据法》等法律法规的规定，签发空头支票由中国人民银行处以票面金额5%但不低于1000元的罚款。

单据 2－5－4

应付票据备查登记簿

年

购货单位	合同号码	商业汇票记录					产品发出记录					收款、贴现、转让记录						
												已收款		已贴现		已转让		
		票据种类	签发日期	汇票号码	承兑日期	货款金额	发货日期	发票号码	产品名称	数量	货款金额	日期	金额	日期	金额	日期	被背书单	金额

单据 2－5－5

应收票据备查登记簿

年

收款单位	合同号码	摘要	商业汇票记录									付款记录						备注
						第一次		第二次		第三次		已收款		已贴现		已转让		
			票据种类	汇票号码	签发日期	承兑日期	金额	承兑日期	金额	承兑日期	金额	日期	金额	日期	金额	日期	金额	

单据 2－5－6

收 款 收 据

NO. 6013561

年 月 日

今 收 到 ____________________

____

金额（大写）____ 拾 万 仟 佰 拾 元 角 分

￥ ________ □现金 □支票 □信用卡 □其他 收款单位（盖章）

第一联存根联

核准 会计 记账 出纳 经手人

单据 2－5－7

收款收据

NO. 6013561

年　月　日

今收到 ____________________________________

____

金额（大写）____ 拾　万　仟　佰　拾　元　角　分

¥ ________　☐ 现金　☐ 支票　☐ 信用卡　☐ 其他　　收款单位（盖章）

第二联收据联

核准　　会计　　记账　　出纳　　经手人

单据 2－5－8

收款收据

NO. 6013561

年　月　日

今收到 ____________________________________

____

金额（大写）____ 拾　万　仟　佰　拾　元　角　分

¥ ________　☐ 现金　☐ 支票　☐ 信用卡　☐ 其他　　收款单位（盖章）

第三联会计联

核准　　会计　　记账　　出纳　　经手人

单据 2－6－1

银行承兑汇票 2

出票日期（大写） 贰零壹陆 年 零陆 月 贰拾叁 日

68941083
30587800

出票人全称	厦门万利商场	收款人	全　称	山东吉贝食品有限公司
出票人账号	6222021667235602640		账　号	2900132190007710981
付款行名称	中国工商银行湖里支行		开户银行	中国工商银行芝罘区幸福支行
出票金额	人民币（大写） 叁拾万元整		亿千百十万千百十元角分	¥ 3 0 0 0 0 0 0 0
汇票到期日（大写）	贰零壹陆年零玖月贰拾叁日	付款行	行号	209916723502
承兑协议编号			地址	厦门市湖里区兴隆路123号
本汇票请你行承兑，到期无条件付款。 厦门万利商场财务专用章　罗平印伟 出票人签章		本汇票已经承兑，到期日由本行付款。 中国工商银行厦门湖里支行 20991672350 汇票专用章 承兑行签章 承兑日期　年　月　日 备注：		密押 苏玉玉 复核　记账

此联收款人开户行随托收凭证寄付款行作借方凭证附件

单据 2－6－2

托收凭证 （受理回单） 1

委托日期　　年　月　日

业务类型	委托收款（□邮划、□电划） 托收承付（□邮划、□电划）					
付款人	全　称		收款人	全　称		
	账　号			账　号		
	地　址	省　市县　开户行		地　址	省　市县　开户行	
金额	人民币（大写）				亿千百十万千百十元角分	
款项内容		托收凭据名称		附寄单证张数		
商品发运情况			合同名称号码			
备注： 复核　　记帐		款项收妥日期 年　月　日		收款人开户银行签章 年　月　日		

此联作收款人开户银行给收款人的受理回单

被背书人	被背书人
背书人签章 年　月　日	背书人签章 年　月　日

（贴粘单处）

单据 2－6－3

托收凭证

（贷方凭证）　　　　2

委托日期　　年　月　日

业务类型	委托收款（□邮划、□电划）托收承付（□邮划、□电划）						
付款人	全称			收款人	全称		
	账号				账号		
	地址	省　市县	开户行		地址	省　市县	开户行
金额	人民币（大写）			亿 千 百 十 万 千 百 十 元 角 分			
款项内容		托收凭据名称		附寄单证张数			
商品发运情况		合同名称号码					
备注： 收款人开户银行收到日期 年　月　日	上列款项随附有关债务证明，请予办理。 收款人签章		复核　记账				

此联收款人开户银行作贷方凭证

单据 2－6－4

托收凭证

（借方凭证）　　　　3

委托日期　　年　月　日　　　付款期限　　年　月　日

业务类型	委托收款（□邮划、□电划）托收承付（□邮划、□电划）						
付款人	全称			收款人	全称		
	账号				账号		
	地址	省　市县	开户行		地址	省　市县	开户行
金额	人民币（大写）			亿 千 百 十 万 千 百 十 元 角 分			
款项内容		托收凭据名称		附寄单证张数			
商品发运情况		合同名称号码					
备注： 付款人开户银行收到日期 年　月　日	收款人开户银行签章 年　月　日		复核　记账				

此联付款人开户银行作借方凭证

单据 2－6－5

托收凭证 （汇款依据或收账通知） 4

委托日期　　年　月　日　　　　付款期限　　年　月　日

业务类型	委托收款（□邮划、□电划） 托收承付（□邮划、□电划）						
付款人	全称			收款人	全称		
	账号				账号		
	地址	省　市县	开户行		地址	省　市县	开户行
金额	人民币（大写）					亿 千 百 十 万 千 百 十 元 角 分	
款项内容		托收凭据名称		附寄单证张数			
商品发运情况				合同名称号码			
备注： 复核　　记账		上列款项已划回收入你方账户内 收款人开户银行签章 年　月　日					

此联付款人开户银行凭以汇款或收款人开户银行作收账通知

单据 2－6－6

托收凭证 （付款通知） 5

委托日期　　年　月　日　　　　付款期限　　年　月　日

业务类型	委托收款（□邮划、□电划） 托收承付（□邮划、□电划）						
付款人	全称			收款人	全称		
	账号				账号		
	地址	省　市县	开户行		地址	省　市县	开户行
金额	人民币（大写）					亿 千 百 十 万 千 百 十 元 角 分	
款项内容		托收凭据名称		附寄单证张数			
商品发运情况				合同名称号码			
备注： 付款人开户银行收到日期 年　月　日 复核　　记账		付款人开户银行签章 年　月　日		付款人注意：1.根据支付人结算办法，上列委托收款（托收承付）款项在付款期限内未提出拒付，即视为同意付款，以此代付款通知。2.如需提出全部或部分拒付，应在规定期限内，将拒付理由书并附债务证明退交开户银行。			

此联付款人开户银行给付款人按期付款通知

单据 2－7－1

商业承兑汇票　　2

39008791

出票日期（大写）　贰零壹陆年　零陆月　贰拾肆日

付款人	全称	广州得购网络科技有限公司	收款人	全称	广州万皇食品包装有限公司
	账号	6222026700712033091		账号	6222020018348811201
	开户银行	中国工商银行天河支行		开户银行	中国工商银行天河支行
出票金额		人民币（大写）壹拾柒万伍仟伍佰元整		亿千百十万千百十元角分	¥17550000
汇票到期日（大写）		贰零壹陆年零玖月贰拾肆	付款人开户行	行号	230056212307
交易合同号码				地址	广州市天河区长兴路28号
本汇票已经承兑，到期无条件支付票款。承兑人签章　承兑日期 2016年 06月 24日			本汇票请予以承兑于到期日付款。出票人签章		

（印章：广州得购网络科技有限公司 财务专用章；谢天龙印）

此联持票人开户行随托收凭证寄付款人开户行作借方凭证附件

单据 2－7－2

被背书人	被背书人
背书人签章　年　月　日	背书人签章　年　月　日

（贴粘单处）

被背书人 广州和兴百货	被背书人 山东吉贝食品有限公司	（贴粘单处）
广州万皇食品包装有限公司 财务专用章 沈艳华印 背书人签章 2016年 07月 03日	广州和兴百货 财务专用章 林健平印 背书人签章 2016年 08月 12日	

单据 2－10－1

银行存款余额调节表

开户银行：　　　　　　　　　　　　账号：　　　　　　　　　　　　年　月　日止

摘要	凭证号	金额											
		十	亿	千	百	十	万	千	百	十	元	角	分
银行存款日记账余额													
加：银行已收,企业未收													
1													
2													
3													
4													
5													
6													
7													
减：银行已付,企业未付													
1													
2													
3													
4													
5													
6													
7													
8													
9													
10													
11													
12													
调节后余额													

摘要	凭证号	金额											
		十	亿	千	百	十	万	千	百	十	元	角	分
银行对账单余额													
加：企业已收,银行未收													
1													
2													
3													
4													
5													
6													
7													
减：企业已付,银行未付													
1													
2													
3													
4													
5													
6													
7													
8													
9													
10													
11													
12													
调节后余额													

财务主管：　　　　　　　　　　　　制表：

单据 2－12－1

出纳报告单

单位名称:　　　　　　　年　月　日至　　年　月　日　　　　　　编号

项目	库存现金										银行存款										有价证券										备注
	千	百	十	万	千	百	十	元	角	分	千	百	十	万	千	百	十	元	角	分	千	百	十	万	千	百	十	元	角	分	
上期结存																															
本期收入																															
合计																															
本期支出																															
本期结存																															

主管:　　　　记账:　　　　出纳:　　　　复核:　　　　制单:

单据 4－1－1

支票领用登记簿

支票号码	收款单位	出票日期	金额	用途	领票人	备注

单据 4－1－2

中国工商银行
现金支票存根
30309311
20163001

附加信息

出票日期　　年　月　日

收款人:

金　额:

用　途:

单位主管　　会计

中国工商银行　现金支票　　30309311　20163001

付款期限自出票之日起十天

出票日期（大写）　　年　　月　　日　　付款行名称:

收款人:　　出票人账号:

人民币（大写）

亿	千	百	十	万	千	百	十	元	角	分

用途　　密码

上列款项请从　　行号

我账户内支付

出票人签章　　复核　　记账

附加信息:

收款人签章

年 月 日

身份证件名称: 发证机关:

号码

（贴粘单处）

根据《中华人民共和国票据法》等法律法规的规定，签发空头支票由中国人民银行处以票面金额5%但不低于1000元的罚款。

单据 4－2－1

差旅费报销单

报销部门：销售部　　　　2016 年　11 月　01 日

姓名	李强	职务	销售人员	出差事由	业务需要

出差起止日期自2016年　10月　26日起至2016年　10月　29日共　3天　　附单据　3张

日期		起讫地点	差旅补助			交通费	住宿费	会务费	其他	小计
月	日		天数	标准	金额					
10	26	烟台-北京				1210.00				1210.00
10	29	北京-烟台	3	50.00	150.00	1100.00	600.00			1850.00
		合计			150.00	2310.00	600.00			3060.00

合计人民币(大写)叁仟零陆拾元整

预领金额：　　元　　交(退)回金额　0.00元　应补付金额　3060.00元

单位负责人：孙明利　　会计主管：刘静　　部门主管：张平　　报销人：李强

单据 4－2－2

报销单据粘贴单

金额 ＿＿＿＿＿＿　单据＿＿＿＿＿张

单据 4－2－3

航空运输电子客票行程单
ITINERARY/RECEIPT OF E-TICKET FOR AIR TRANSPORT

印刷序号：2265720113 SERIAL NUMBER:

旅客姓名 NAME OF PASSENGER	有效身份证件号码 ID.NO.	签注 ENDORSEMENTS/RESTRICTIONS (CARBON)
李强	110212199009263120	不得签转改退收费

	承运人 CARRIER	航班号 FLIGHT	座位等级 CLASS	日期 DATE	时间 TIME	客票级别/客票类别 FARE BASIS	客票生效日期 NOTVALID BEFORE	有效截止日期 NOTVALID AFTER	免费行李 ALLOW
自 FROM 烟台		AF-8029		2016-10-26	09:20	RPR10			20k
至 TO 北京		VOID							
至 TO									
至 TO									
至 TO	票价 FARE CNY 1,160.00		机场建设费 AIRPORT TAX CN 50.00		燃油附加费 FUEL SURCHARGE YQ EXEMPT	其他税费 OTHER TAXES	合计 TOTAL CNY 1,210.00		

电子客票号码 E-TICKETNO. 1376785622098	验证码 CK. 9000	提示信息 INFORMATION	保险费 INSURANCE
销售单位代号 AGENTCODE. GZ004123450000	填开单位 ISSUEDBY 中国南方航空股份有限公司		填开日期 DATE OF ISSUE 2016-10-26

验真网址：WWW.TRAVELSKY.COM 服务热线：400-815-8888 短信验真：发送JP至10669018

付款凭证 RECEIPT　手写无效 INVALID IN HANDWRITING

单据 4－2－4

航空运输电子客票行程单
ITINERARY/RECEIPT OF E-TICKET FOR AIR TRANSPORT

印刷序号：2183898233 SERIAL NUMBER:

旅客姓名 NAME OF PASSENGER	有效身份证件号码 ID.NO.	签注 ENDORSEMENTS/RESTRICTIONS (CARBON)
李强	110212199009263120	不得签转改退收费

	承运人 CARRIER	航班号 FLIGHT	座位等级 CLASS	日期 DATE	时间 TIME	客票级别/客票类别 FARE BASIS	客票生效日期 NOTVALID BEFORE	有效截止日期 NOTVALID AFTER	免费行李 ALLOW
自 FROM 北京		AF-9048		2016-10-29	10:15	RPR10			20k
至 TO 烟台		VOID							
至 TO									
至 TO									
至 TO	票价 FARE CNY 1,050.00		机场建设费 AIRPORT TAX CN 50.00		燃油附加费 FUEL SURCHARGE YQ EXEMPT	其他税费 OTHER TAXES	合计 TOTAL CNY 1,100.00		

电子客票号码 E-TICKETNO. 1376786723560	验证码 CK. 9067	提示信息 INFORMATION	保险费 INSURANCE
销售单位代号 AGENTCODE. GZ004123778825	填开单位 ISSUEDBY 中国东方航空股份有限公司		填开日期 DATE OF ISSUE 2016-10-29

验真网址：WWW.TRAVELSKY.COM 服务热线：400-815-8888 短信验真：发送JP至10669018

付款凭证 RECEIPT　手写无效 INVALID IN HANDWRITING

单据 4－2－5

1800116701　**山东增值税普通发票**　№ 20905620　1800116701 20905620

校验码 12571 35628 70321 230　开票日期：2016年10月29日

购买方	名称：烟台威诚酒业有限公司 纳税人识别号：913706009662086530 地址、电话：烟台市福山区香山路18号 0535-6856210 开户行及账号：中国工商银行福山区支行 2358432584570368999	密码区	-65745<19458<3840481700**89 5/37503848*7>234504>-00*036 2//5>*8574567-7<8*87309-023 <413-3001152-/7142>>8088067

货物或应税劳务、服务名称	规格型号	单位	数量	单价	金额	税率	税额
住宿费					582.52	3%	17.48
合计					¥582.52		¥17.48
价税合计（大写）	⊗陆佰元整				（小写）¥600.00		

销售方	名称：北京好运来酒店有限公司 纳税人识别号：91110101560023780N 地址、电话：北京市东城区体育馆路36号 010-68230035 开户行及账号：中国工商银行东城支行 6222026711420900238	备注	

收款人：　复核：　开票人：陈容　销售方：（章）

第二联：发票联 购买方记账凭证

单据 4－3－1

收 款 收 据　　　NO. 6016555

年 月 日

今 收 到 ______________________________

____

金额（大写）______ 拾 ______ 万 ______ 仟 ______ 佰 ______ 拾 ______ 元 ______ 角 ______ 分

¥ __________　□ 现金　□ 支票　□ 信用卡　□ 其他　收款单位（盖章）

第一联存根联

核准　　会计　　记账　　出纳　　经手人

单据 4－3－2

收 款 收 据　　　NO. 6016555

年 月 日

今 收 到 ______________________________

____

金额（大写）______ 拾 ______ 万 ______ 仟 ______ 佰 ______ 拾 ______ 元 ______ 角 ______ 分

¥ __________　□ 现金　□ 支票　□ 信用卡　□ 其他　收款单位（盖章）

第二联收据联

核准　　会计　　记账　　出纳　　经手人

单据 4－3－3

收 款 收 据

NO. 6016555

年 月 日

今 收 到

金额（大写） 拾 万 仟 佰 拾 元 角 分

¥ ☐现金 ☐支票 ☐信用卡 ☐其他 收款单位（盖章）

第三联会计联

核准 会计 记账 出纳 经手人

单据 4－4－1

中国工商银行 2 ——00123578

本 票

付款期限 贰 个月

出票日期（大写） 贰零壹陆 年 壹拾壹 月 零伍 日

收款人：烟台威诚酒业有限公司	申请人：烟台阳光百货有限公司
凭票即付 人民币（大写） 贰拾叁万肆仟元整	
转账 ☑ 现金 ☐	
备注：	出纳 复核 经办

中国工商银行莱山支行 302290236756 本票专用章

李明成

此联出票行结清本票时作借方凭证

被背书人	被背书人
背书人签章 年　月　日	背书人签章 年　月　日
持票人向银行 提示付款签章：	身份证件名称：　发证机关： 号码

（粘贴单处）

单据 4－4－2

ICBC 中国工商银行 进账单（贷方凭证） 1

年 月 日 №

出票人	全　称		收款人	全　称	
	账　号			账　号	
	开户银行			开户银行	
金额	人民币（大写）		亿 千 百 十 万 千 百 十 元 角 分		
票据种类		票据张数			
票据号码					
备注：			复核：	记账：	

175*85mm GH066011

此联由收款人开户银行作贷方凭证

单据 4－4－3

ICBC 中国工商银行 进账单（回　单） 2

年 月 日 №

出票人	全　称		收款人	全　称	
	账　号			账　号	
	开户银行			开户银行	
金额	人民币（大写）		亿 千 百 十 万 千 百 十 元 角 分		
票据种类		票据张数			
票据号码					
备注： 复核：	记账：		开户银行签章		

175*85mm GH066011

此联是开户银行交给（持）出票人的回单

单据 4－4－4

ICBC 中国工商银行 进账单（收账通知） 3

年 月 日 №

出票人	全　称		收款人	全　称	
	账　号			账　号	
	开户银行			开户银行	
金额	人民币（大写）		亿 千 百 十 万 千 百 十 元 角 分		
票据种类		票据张数			
票据号码					
备注： 复核：	记账：		收款人开户银行签章		

175*85mm GH066011

此联是收款人开户银行交给收款人的收账通知

单据 4－5－1

银行承兑汇票 2

63791063
30583201

出票日期（大写）贰零壹陆年零玖月零叁日

出票人全称	威海欧灿贸易有限公司	收款人	全　称	威海健发食品有限公司
出票人账号	6222020017890012665		账　号	6222020017223896234
付款行名称	中国工商银行环翠支行		开户银行	中国工商银行环翠支行
出票金额	人民币（大写）贰拾叁万元整		亿千百十万千百十元角分	￥23000000
汇票到期日（大写）	贰零壹陆年壹拾贰月零叁日	付款行	行号	235012672309
承兑协议编号			地址	山东省威海市环翠区古城路123号

本汇票请你行承兑，到期无条件付款。

威海欧灿贸易有限公司 财务专用章　吴建华印

出票人签章

本汇票已经承兑，到期日由本行付款。

中国工商银行环翠支行 汇票专用章 235012672309

承兑行签章

承兑日期　年　月　日

备注：

密押　张雪晴

复核　记账

此联收款人开户行随托收凭证寄付款行作借方凭证附件

单据 4－5－2

被背书人	被背书人
背书人签章 年　月　日	背书人签章 年　月　日

（贴粘单处）

被背书人 威海新世界百货公司	被背书人 烟台威城酒业有限公司
威海健发食品有限公司 财务专用章 谢静印 背书人签章 2016年 09月 07日	威海新世界百货公司 财务专用章 陈晓萍印 背书人签章 2016年 10月 13日

（贴粘单处）

单据 4－5－3

应收票据备查登记簿

年

收款单位	合同号码	摘要	商业汇票记录									付款记录						备注
			票据种类	汇票号码	签发日期	第一次		第二次		第三次		已收款		已贴现		已转让		
						承兑日期	金额	承兑日期	金额	承兑日期	金额	日期	金额	日期	金额	日期	金额	

单据 4－6－1

ICBC 中国工商银行

业务委托书
APPUCATDON FOA MONEY TRANSFER

委托日期 Date　　年 Y　　月 M　　日 D

业务类型 Appucatdon Foa Money	□现金汇款 Cash Remittance	□转账汇款 Transfer Remittance	□汇票申请书 D/D	□本票申请书 P/D	□其他 Others

委托人 Principal		收款人 Payee	
全　称 Full name		全　称 Full name	
账号或地址 Account number or Addr.		账号或地址 Account number or Addr.	
开户行名称 Account Bank name		开户行名称 Account Bank name	
汇款方式 Type of Remittance	□普通 Regular □加急 Urgent 加急汇款签字 Signature For Urgent Payment	开户银行 Account Bank	省 Province　市 City

币种及金额（大写）Currency and amount in words		亿	千	百	十	万	千	百	十	元	角	分

用途 In Payment of		支付密码 S.C.	

委托人确认上列委托信息填写正确，且已完全理解和接受背面"客户须知"的内容，上列款项及相关费用请从委托人账户内支付。
The above information has been confirmed correctly. The notice has been fully understood and accepted. The above remittance and related charges will be drawn from the referent account.

委托人签章 Principal Signature and\or stamp

银行填写 Bank Use	□联动收费	□非联动收费	□不收费	备注: Remarks

受理（扫描）：　　　　审核：

正联 (2010) First Page　　210x150mm

ICBC 中国工商银行

业务委托书 回执
APPUCATDON FOA MONEY TRANSFER ACCEPT NOTICE

委托人全称 Name of Principal	
委托人账号 A/C of Principal	
收款人全称 Name of Payee	
收款人账号 A/C of Payee	
金额 Amount	
委托日期 Date	

此联为银行受理通知书，若委托人申请汇票或本票业务，应凭此联领取汇票或本票。
This paper is the bank acceptance advice. For draft or promissory note application, please return this paper.

单据 4－6－2

银行汇票登记簿

汇票号码	收款单位	出票日期	金额	用途	领票人	备注

单据 4－7－1

中国工商银行

银 行 汇 票（多余款收账通知） 4

63881349
30992331

提示付款期限自出票之日起壹个月

出票日期（大写） 贰零壹陆 年 壹拾壹 月 零捌 日

代理付款行：中国工商银行福山支行 行号：

收款人：枣庄市宏达纸箱厂

出票金额 人民币（大写） 贰万伍仟元整 ¥25000.00

实际结算金额 人民币（大写） 贰万叁仟肆佰元整

亿	千	百	十	万	千	百	十	元	角	分
			¥	2	3	4	0	0	0	0

申请人：烟台威诚酒业有限公司 账号：2358432584570368999

出票行：中国工商银行福山支行 行号：235600189966

备 注：

密押：

多余金额

千	百	十	万	千	百	十	元	角	分
		¥	1	6	0	0	0	0	

左列退回多余金额已收入你账户内。

出票行签章

中国工商银行福山区支行 235600189966 汇票专用章

李真真

2016 年 11 月 08 日

中国工商银行福山区支行 2016.11.11 业务办讫章

此联出票行作多余款后交申请人

单据 4－8－1

ICBC 中国工商银行

现金存款凭条

年　　月　　日

存款人	全称			
	账号		款项来源	
	开户行		交款人	
金额（大写）			千 百 十 万 千 百 十 元 角 分	

票面	张数	十	万	千	百	十	元	角	分	票面	张数	千	百	十	元	角	分	备注
壹佰元										伍角								
伍拾元										贰角								
贰拾元										壹角								
拾元										伍分								
伍元										贰分								
贰元										壹分								
壹元										其他								

第一联 银行核对联

190mm×100mm GH 082398

单据 4－8－2

ICBC 中国工商银行

现金存款凭条

年　　月　　日

存款人	全称			
	账号		款项来源	
	开户行		交款人	
金额（大写）			千 百 十 万 千 百 十 元 角 分	

票面	张数	十	万	千	百	十	元	角	分	票面	张数	千	百	十	元	角	分	备注
壹佰元										伍角								
伍拾元										贰角								
贰拾元										壹角								
拾元										伍分								
伍元										贰分								
贰元										壹分								
壹元										其他								

注：此联不作为入账依据

第二联 客户核对联

190mm×100mm

单据 4－9－1

中国工商银行 转账支票

30809321

20161213

出票日期（大写） 贰零壹陆 年 壹拾壹 月 壹拾叁 日

付款行名称：中国工商银行牟平支行

收款人：烟台威诚酒业有限公司

出票人账号：6222027723108823560

付款期限自出票之日起十天

人民币（大写）	叁万零陆佰元整	亿	千	百	十	万	千	百	十	元	角	分
					¥	3	0	6	0	0	0	0

用途 货款

密码

上列款项请从

行号

我账户内支付

出票人签章

烟台滨海酒店 财务专用章

左俊印行

复核 记账

单据 4－9－2

收 款 收 据

NO. 6016556

年 月 日

今 收 到

金额（大写） 拾 万 仟 佰 拾 元 角 分

¥ ☐ 现金 ☐ 支票 ☐ 信用卡 ☐ 其他

收款单位（盖章）

第一联存根联

核准 会计 记账 出纳 经手人

附加信息:	被背书人	被背书人
	背书人签章 年 月 日	背书人签章 年 月 日

（贴粘单处）

上海[illegible]证券印制有限公司·2012年印制

单据 4－9－3

收 款 收 据

NO. 6016556

年 月 日

今 收 到

金额（大写） 拾 万 仟 佰 拾 元 角 分

¥ ☐现金 ☐支票 ☐信用卡 ☐其他 收款单位（盖章）

核准 会计 记账 出纳 经手人

第二联收据联

单据 4－9－4

收 款 收 据

NO. 6016556

年 月 日

今 收 到

金额（大写） 拾 万 仟 佰 拾 元 角 分

¥ ☐现金 ☐支票 ☐信用卡 ☐其他 收款单位（盖章）

核准 会计 记账 出纳 经手人

第三联会计联

单据 4－9－5

ICBC 中国工商银行　　进账单(贷方凭证) 1

年　月　日　　№

出票人	全　称		收款人	全　称	
	账　号			账　号	
	开户银行			开户银行	
金额	人民币(大写)				亿 千 百 十 万 千 百 十 元 角 分
票据种类		票据张数			
票据号码					
备注:			复核:　记账:		

175*85mm GH066011

此联由收款人开户银行作贷方凭证

单据 4－9－6

ICBC 中国工商银行　　进账单(回　单) 2

年　月　日　　№

出票人	全　称		收款人	全　称	
	账　号			账　号	
	开户银行			开户银行	
金额	人民币(大写)				亿 千 百 十 万 千 百 十 元 角 分
票据种类		票据张数			
票据号码					
备注: 复核:　记账:			开户银行签章		

175*85mm GH066011

此联是开户银行交给(持)出票人的回单

单据 4－9－7

ICBC 中国工商银行　　进账单(收账通知) 3

年　月　日　　№

出票人	全　称		收款人	全　称	
	账　号			账　号	
	开户银行			开户银行	
金额	人民币(大写)				亿 千 百 十 万 千 百 十 元 角 分
票据种类		票据张数			
票据号码					
备注: 复核:　记账:			收款人开户银行签章		

175*85mm GH066011

此联是收款人开户银行交给收款人的收账通知

单据 4－10－1

中国工商银行
现金支票存根
30309311
20163002

附加信息

出票日期　年　月　日

收款人:

金　额:

用　途:

单位主管　会计

付款期限自出票之日起十天

中国工商银行　现金支票

30309311
20163002

出票日期（大写）　年　月　日　付款行名称:

收款人:　出票人账号:

人民币（大写）	亿	千	百	十	万	千	百	十	元	角	分

用途　密码

上列款项请从　行号

我账户内支付

出票人签章　复核　记账

单据 4－12－1

10月份临时工工资发放表

单位：烟台威诚酒业有限公司　金额：元

姓名	部门	金额	领款签字
李波	仓储部	2400.00	
孙国栋	仓储部	2560.00	
刘兵	仓储部	3000.00	

审核：刘静　制表：张丽丽

单据 4－13－1

出纳报告单

单位名称:　年　月　日至　年　月　日　编号

项目	库存现金										银行存款										有价证券										备注
	千	百	十	万	千	百	十	元	角	分	千	百	十	万	千	百	十	元	角	分	千	百	十	万	千	百	十	元	角	分	
上期结存																															
本期收入																															
合计																															
本期支出																															
本期结存																															

主管:　记账:　出纳:　复核:　制单:

上海金达证券印刷有限公司·2012年印制

附加信息：	收款人签章 年　月　日	（贴粘单处）	根据《中华人民共和国票据法》等法律法规的规定，签发空头支票由中国人民银行处以票面金额5%但不低于1000元的罚款。
	身份证件名称：　　发证机关：		
	号码		

银行承兑汇票申请书

（适用于单位定期存单/保证金足额质押）

中国建设银行股份有限公司：

根据我司与贵行签订的编号为＿＿＿＿＿＿＿＿的《银行承兑协议》，我司向贵行申请承兑该协议书项下之银行承兑汇票，有关申请事项如下（可另列附表）：

收款人（全称）	收款人开户银行	收款人账号	汇票金额（元）	汇票期限
合计金额（大写）人民币				

我司愿意采用以下第＿＿＿种担保方式对我司足额交存上述银行承兑汇票应付票款提供全额质押担保。

一、我司保证于＿＿＿年＿＿月＿＿日之前向乙方交存保证金。具体清单如下：

汇票金额（大写）	汇票收款人名称	保证金数额（人民币）	活期/定期	保证金账户/子账户册号，笔号

二、我司保证于＿＿＿年＿＿月＿＿日之前将定期存单交于贵行占管。具体清单如下：

定期存单编号	数量	金额（元）	备注

三、我司需在本申请书签署后两个月内向贵行提交增值税发票，若在规定时间内不能提供增值税发票的，在该规定时间后、补齐增值税发票前贵行有权拒绝接受我司在贵行的任何银行承兑汇票业务申请。

兹授权委托贵行按上述相关信息使用计算机打印商业汇票，我单位将对打印后的商业汇票相关信息进行核对，并在确认全部信息均无误的情况下签章出票。若票据相关信息仍存在不符或因贵行使用计算机打印引起的一切法律责任由我单位承担，与贵行无关。

敬请贵行对我司汇票承兑申请予以核准！

申请人盖章：

法定代表人（负责人）

或授权代理人签字：

年　　月　　日

单据 4－14－2

银行承兑协议 1

编号：2016 年承字第 1101905 号

银行承兑汇票的内容：

出票人全称：	收款人全称：
开户银行：	开户银行：
账号：	账号：
汇票号码：	汇票金额（大写）：
出票日期：　　年　　月　　日	到期日期：　　年　　月　　日

以上汇票经银行承兑，出票人愿意遵守《支付结算办法》的规定及以下条款：

一、出票人于汇票到期日前将应付票款足额交存承兑银行。

二、承兑手续费按票面金额千分之（　）计算，在银行承兑时一次付清。

三、出票人与持票人如发生任何交易纠纷，均由双方自行处理，票款于到期前按第一条办理不误。

四、承兑汇票到期日。承兑银行凭票无条件支付票款。到期日前如出票人不能足额交付票款时，承兑银行对不足支付部分的票款转作出票申请人逾期贷款，并按照有关规定计收罚息。

五、汇票款付清后，本协议自动失效。

承兑银行签章　　　　　　　　出票人签章

订立承兑协议日期　　年　　月　　日

单据 4－14－3

应付票据备查登记簿

年

购货单位	合同号码	商业汇票记录					产品发出记录					收款、贴现、转让记录						
												已收款		已贴现		已转让		
		票据种类	签发日期	汇票号码	承兑日期	货款金额	发货日期	发票号码	产品名称	数量	货款金额	日期	金额	日期	金额	日期	被背书单	金额

单据 4－14－4

中国建设银行
转账支票存根
30909320
20617230

附加信息

出票日期　年　月　日

收款人：

金　额：

用　途：

单位主管　　会计

中国建设银行　转账支票　　30909320　20617230

付款期限自出票之日起十天

出票日期（大写）　　年　　月　　日　　付款行名称：

收款人：　　出票人账号：

人民币（大写）	亿	千	百	十	万	千	百	十	元	角	分

用途　　　　密码

上列款项请从　　行号

我账户内支付

出票人签章　　复核　　记账

附加信息:	被背书人	被背书人
	背书人签章 年　月　日	背书人签章 年　月　日

（贴粘单处）

根据《中华人民共和国票据法》等法律法规的规定，签发空头支票由中国人民银行处以票面金额5%但不低于1 000元的罚款。

单据 4－15－1

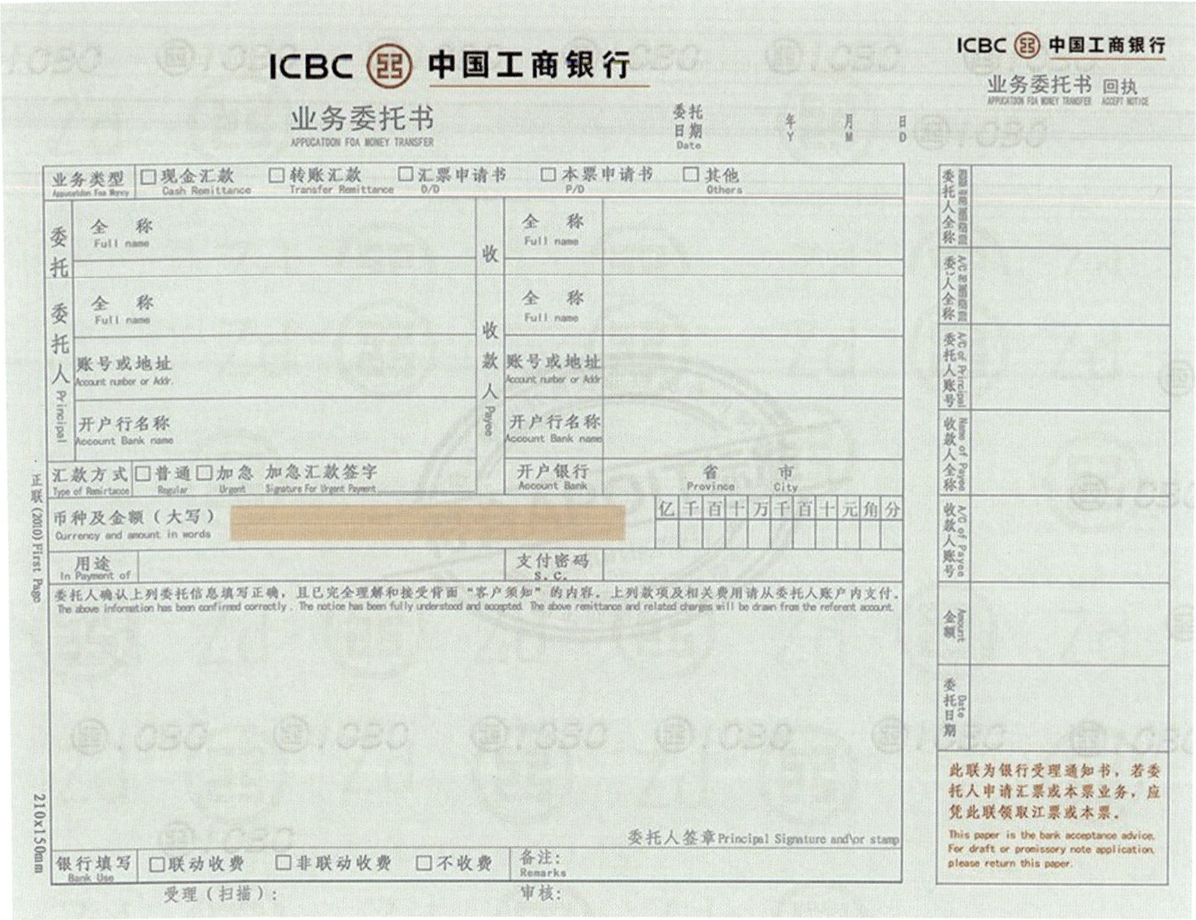

ICBC 中国工商银行

业务委托书
APPLICATION FOR MONEY TRANSFER

委托日期 Date　年 Y　月 M　日 D

业务类型 Application For Money：□现金汇款 Cash Remittance　□转账汇款 Transfer Remittance　□汇票申请书 D/D　□本票申请书 P/D　□其他 Others

委托	全称 Full name		收	全称 Full name
委托人 Principal	全称 Full name		收款人 Payee	全称 Full name
	账号或地址 Account number or Addr.			账号或地址 Account number or Addr.
	开户行名称 Account Bank name			开户行名称 Account Bank name
汇款方式 Type of Remittance	□普通 Regular □加急 Urgent　加急汇款签字 Signature For Urgent Payment			开户银行 Account Bank　省 Province　市 City
币种及金额（大写） Currency and amount in words				亿 千 百 十 万 千 百 十 元 角 分
用途 In Payment of				支付密码 S.C.

委托人确认上列委托信息填写正确，且已完全理解和接受背面“客户须知”的内容。上列款项及相关费用请从委托人账户内支付。
The above information has been confirmed correctly. The notice has been fully understood and accepted. The above remittance and related charges will be drawn from the referent account.

委托人签章 Principal Signature and\or stamp

银行填写 Bank Use：□联动收费　□非联动收费　□不收费　备注：Remarks

受理（扫描）：　审核：

正联(2010) First Page　210x150mm

ICBC 中国工商银行
业务委托书 回执
APPLICATION FOR MONEY TRANSFER ACCEPT NOTICE

委托人全称 Name of Principal

委托人全称

委托人账号 A/C of Principal

收款人全称 Name of Payee

收款人账号 A/C of Payee

金额 Amount

委托日期 Date

此联为银行受理通知书，若委托人申请汇票或本票业务，应凭此联领取汇票或本票。
This paper is the bank acceptance advice. For draft or promissory note application, please return this paper.

单据 4－15－2

银行本票登记簿

本票号码	收款单位	出票日期	金额	用途	领票人	备注

单据 4－16－1

中国工商银行
银行汇票 2

38371084
30783901

出票日期（大写） 贰零壹陆 年 壹拾壹 月 贰拾壹 日

代理付款行：中国工商银行历城支行 行号：

收款人：烟台威诚酒业有限公司

出票金额 人民币（大写） 壹拾伍万元整 ¥150000.00

实际结算金额 人民币（大写）

亿	千	百	十	万	千	百	十	元	角	分

申请人：济南凯悦大酒店 账号：6222027800023670912

出票行：中国工商银行历城支行 行号：220533431091

备 注：

凭票付款

出票行签章

（印章：中国工商银行历城支行 220533431091 汇票专用章）（郑美凤）

密押：

多余金额

千	百	十	万	千	百	十	元	角	分

复核 记账

提示付款期限自出票之日起壹个月

此联代理付款行付款后作联行往账借方凭证附件

单据 4－16－2

中国工商银行
银行汇票（解讫通知） 3

38371084
30783901

出票日期（大写） 贰零壹陆 年 壹拾壹 月 贰拾壹 日

代理付款行：中国工商银行历城支行 行号：

收款人：烟台威诚酒业有限公司

出票金额 人民币（大写） 壹拾伍万元整 ¥150000.00

实际结算金额 人民币（大写）

亿	千	百	十	万	千	百	十	元	角	分

申请人：济南凯悦大酒店 账号：6222027800023670912

出票行：中国工商银行历城支行 行号：220533431091

备 注：

代理付款行签章

复核 经办

密押：

多余金额

千	百	十	万	千	百	十	元	角	分

复核 记账

提示付款期限自出票之日起壹个月

此联代理付款行兑付后随报单寄出票行 由出票行作多余款贷方凭证

被背书人	被背书人
背书人签章 年 月 日	背书人签章 年 月 日
持票人向银行 提示付款签章:	身份证件名称: 发证机关: 号码

单据 4－16－3

ICBC 中国工商银行 进账单（贷方凭证） 1

年 月 日 №

出票人	全称		收款人	全称	
	账号			账号	
	开户银行			开户银行	
金额	人民币（大写）				亿 千 百 十 万 千 百 十 元 角 分
票据种类		票据张数			
票据号码					
备注：			复核：	记账：	

175*85mm GH066011

此联由收款人开户银行作贷方凭证

单据 4－16－4

ICBC 中国工商银行 进账单（回 单） 2

年 月 日 №

出票人	全称		收款人	全称	
	账号			账号	
	开户银行			开户银行	
金额	人民币（大写）				亿 千 百 十 万 千 百 十 元 角 分
票据种类		票据张数			
票据号码					
备注： 复核： 记账：			开户银行签章		

175*85mm GH066011

此联是开户银行交给持出票人的回单

单据 4－16－5

ICBC 中国工商银行 进账单（收账通知） 3

年 月 日 №

出票人	全称		收款人	全称	
	账号			账号	
	开户银行			开户银行	
金额	人民币（大写）				亿 千 百 十 万 千 百 十 元 角 分
票据种类		票据张数			
票据号码					
备注： 复核： 记账：			收款人开户银行签章		

175*85mm GH066011

此联是收款人开户银行交给收款人的收账通知

单据 4－17－1

ICBC 中国工商银行

业务委托书
APPUCATOON FOA MONEY TRANSFER

委托日期 Date　　年 Y　　月 M　　日 D

业务类型 Appucation Foa Money	□现金汇款 Cash Remittance　□转账汇款 Transfer Remittance　□汇票申请书 D/D　□本票申请书 P/D　□其他 Others		
委托人 Principal　全　称 Full name		收款人 Payee　全　称 Full name	
账号或地址 Account number or Addr.		账号或地址 Account number or Addr.	
开户行名称 Account Bank name		开户行名称 Account Bank name	
汇款方式 Type of Remittance　□普通 Regular　□加急 Urgent　加急汇款签字 Signature For Urgent Payment		开户银行 Account Bank　　省 Province　　市 City	
币种及金额（大写）Currency and amount in words		亿 千 百 十 万 千 百 十 元 角 分	
用途 In Payment of		支付密码 S.C.	

委托人确认上列委托信息填写正确，且已完全理解和接受背面“客户须知”的内容。上列款项及相关费用请从委托人账户内支付。
The above information has been confirmed correctly. The notice has been fully understood and accepted. The above remittance and related charges will be drawn from the referent account.

委托人签章 Principal Signature and\or stamp

银行填写 Bank Use　□联动收费　□非联动收费　□不收费　　备注：Remarks

受理（扫描）：　　审核：

正联 (2010) First Page　210x150mm

ICBC 中国工商银行

业务委托书 回执
APPUCATOON FOA MONEY TRANSFER ACCEPT NOTICE

委托人全称 Name of Principal	
委托人账号 A/C of Principal	
收款人全称 Name of Payee	
收款人账号 A/C of Payee	
金额 Amount	
委托日期 Date	

此联为银行受理通知书，若委托人申请汇票或本票业务，应凭此联领取汇票或本票。
This paper is the bank acceptance advice. For draft or promissory note application, please return this paper.

单据 4－18－1

借　款　单

2016 年 11 月 22 日

借款部门	行政部	姓名	张倩		事由	办公	
借款金额（大写）	零万　叁仟　零佰　零拾　零元　零角　零分　　¥ 3,000.00						
领导审批	孙明利	财务审批	李瑞	部门审批	王萌萌	出纳付款	
借款人	张倩			备注			

单据 4－19－1

中国工商银行
转账支票存根
30309321
20169001

附加信息

出票日期　年　月　日

收款人:

金　额:

用　途:

单位主管　会计

付款期限自出票之日起十天

中国工商银行　转账支票　30309321　20169001

出票日期（大写）　年　月　日　付款行名称:

收款人:　出票人账号:

人民币（大写）	亿	千	百	十	万	千	百	十	元	角	分

用途　密码

上列款项请从

我账户内支付　行号

出票人签章　复核　记账

单据 4－20－1

差旅费报销单

报销部门:行政部　2016年　11月　25日

姓名		张倩	职务		人事专员		出差事由	办公		
出差起止日期自2016年　11月　22日起至2016年　11月　25日共　3天　附单据　3张										
日期		起讫地点	差旅补助			交通费	住宿费	会务费	其他	小计
月	日		天数	标准	金额					
11	22	烟台—天津				1 050.00				1 050.00
11	25	天津—烟台	3	50.00	150.00	1 080.00	450.00			1 680.00
		合计			150.00	2 130.00	450.00			2 730.00
合计人民币(大写)贰仟柒佰叁拾元整										
预领金额：3 000　元			交(退)回金额　270.00元　应补付金额　0.00元							

单位负责人:孙明利　会计主管:刘静　部门主管:王萌萌　报销人:张倩

附加信息:	被背书人	被背书人
	背书人签章 年　月　日	背书人签章 年　月　日

上海金达证券印刷有限公司·2012年印制

（粘贴单处）

根据《中华人民共和国票据法》等法律法规的规定，签发空头支票由中国人民银行处以票面金额5%但不低于1000元的罚款。

单据 4－20－2

报销单据粘贴单

金额 ________ 单据 ________ 张

单据 4－20－3

航空运输电子客票行程单
ITINERARY/RECEIPT OF E-TICKET FOR AIR TRANSPORT

印刷序号：2265720139
SERIAL NUMBER:

旅客姓名 NAME OF PASSENGER：张倩
有效身份证件号码 ID.NO.：110212199009260967
签注 ENDORSEMENTS/RESTRICTIONS (CARBON)：不得签转改退收费

	承运人 CARRIER	航班号 FLIGHT	座位等级 CLASS	日期 DATE	时间 TIME	客票级别/客票类别 FARE BASIS	客票生效日期 NOTVALID BEFORE	有效截止日期 NOTVALID AFTER	免费行李 ALLOW
自 FROM 烟台		AQ-3094		2016-11-22	09:30	RPR10			20k
至 TO 天津		VOID							
至 TO									
至 TO									
至 TO									

票价 FARE	机场建设费 AIRPORT TAX	燃油附加费 FUEL SURCHARGE	其他税费 OTHER TAXES	合计 TOTAL
CNY 1,000.00	CN 50.00	YQ EXEMPT		CNY 1,050.00

电子客票号码 E-TICKETNO.：1376785622376
验证码 CK.：9003
提示信息 INFORMATION：
保险费 INSURANCE：
销售单位代号 AGENTCODE.：GZ004123450003
填开单位 ISSUEDBY：中国南方航空股份有限公司
填开日期 DATE OF ISSUE：2016-11-22

验真网址：WWW.TRAVELSKY.COM 服务热线：400-815-8888 短信验真：发送JP至10669018

付款凭证 RECEIPT
手写无效 INVALID IN HANDWRITING

单据 4－20－4

航空运输电子客票行程单

ITINERARY/RECEIPT OF E-TICKET FOR AIR TRANSPORT

印刷序号：2183898893
SERIAL NUMBER:

旅客姓名 NAME OF PASSENGER	有效身份证件号码 ID.NO.	签注 ENDORSEMENTS/RESTRICTIONS (CARBON)
张倩	110212199009260967	不得签转改退收费

	承运人 CARRIER	航班号 FLIGHT	座位等级 CLASS	日期 DATE	时间 TIME	客票级别/客票类别 FARE BASIS	客票生效日期 NOT VALID BEFORE	有效截止日期 NOT VALID AFTER	免费行李 ALLOW
自 FROM 天津		AW-9056		2016-11-25	09:12	RPR13			20k
至 TO 烟台		VOID							
至 TO									
至 TO									
至 TO	票价 FARE CNY 1,030.00		机场建设费 AIRPORT TAX CN 50.00		燃油附加费 FUEL SURCHARGE YQ EXEMPT	其他税费 OTHER TAXES	合计 TOTAL CNY 1,080.00		

电子客票号码 E-TICKET NO. 1376786723783　验证码 CK. 9063　提示信息 INFORMATION　保险费 INSURANCE

销售单位代号 AGENT CODE GZ004123778834　填开单位 ISSUED BY 中国东方航空股份有限公司　填开日期 DATE OF ISSUE 2016-11-25

验真网址：WWW.TRAVELSKY.COM　服务热线：400-815-8888　短信验真：发送JP至10669018

付款凭证 RECEIPT　手写无效 INVALID IN HANDWRITING

单据 4－20－5

天津增值税普通发票

2800113420　№ 23906611　2800113420 23906611

校验码 12397 97561 25672 23579　开票日期：2016年11月25日

购买方	
名称	烟台威诚酒业有限公司
纳税人识别号	370613966208653002
地址、电话	烟台市福山区香山路18号 0535-6856210
开户行及账号	中国工商银行福山区支行 2358432584570368999

密码区：
-65745<19458<3840481700**89
5/37503848*7>234504>-00*036
2//5>*8574567-7<8*87309-023
<413-3001152-/7142>>8088067

货物或应税劳务、服务名称	规格型号	单位	数量	单价	金额	税率	税额
住宿费					436.89	3%	13.11
合计					¥436.89		¥13.11
价税合计（大写）	⊗肆佰伍拾元整				（小写）¥450.00		

销售方	
名称	天津新梦想酒店有限公司
纳税人识别号	91120102560023091N
地址、电话	天津市河东区十四经路67号 022-56238971
开户行及账号	中国工商银行河东支行 6212267822668445290

备注：

收款人：　复核：　开票人：陈雨　销售方：（章）

第二联：发票联　购买方记账凭证

单据 4－21－1

商业承兑汇票　2

39008791

出票日期（大写）　贰零壹陆年　零捌月　贰拾伍日

付款人	全称	青岛汇泉商场	收款人	全称	烟台威诚酒业有限公司
	账号	6222026200023782110		账号	2358432584570368999
	开户银行	中国工商银行李沧支行		开户银行	中国工商银行福山区支行
出票金额	人民币（大写）叁拾伍万元整			亿千百十万千百十元角分	￥35000000
汇票到期日（大写）	贰零壹陆年壹拾壹月贰拾伍日		付款人开户行	行号	267832201872
交易合同号码				地址	青岛市李沧区银河路22号
本汇票已经承兑，到期无条件支付票款 （青岛汇泉商场 财务专用章）（谢天泉印） 承兑人签章 承兑日期　年　月　日			本汇票请予以承兑于到期日付款 （青岛汇泉商场 财务专用章）（谢天泉印） 出票人签章		

此联持票人开户行随托收凭证寄付款人开户行作借方凭证附件

单据 4－21－2

托收凭证（受理回单）　1

委托日期　年　月　日

业务类型	委托收款（☐邮划、☐电划）　托收承付（☐邮划、☐电划）					
付款人	全　称		收款人	全　称		
	账　号			账　号		
	地　址	省　市县　开户行		地　址	省　市县　开户行	
金额	人民币（大写）				亿千百十万千百十元角分	
款项内容		托收凭据名称		附寄单证张数		
商品发运情况			合同名称号码			
备注： 复核　记账	款项收妥日期 年　月　日		收款人开户银行签章 年　月　日			

此联作收款人开户银行给收款人的受理回单

被背书人	被背书人
背书人签章 年　月　日	背书人签章 年　月　日

（贴粘单处）

单据 4－21－3

托收凭证 （贷方凭证） 2

委托日期　　年　月　日

业务类型	委托收款（□邮划、□电划） 托收承付（□邮划、□电划）						
付款人	全称			收款人	全称		
	账号				账号		
	地址	省　市县	开户行		地址	省　市县	开户行
金额	人民币（大写）					亿 千 百 十 万 千 百 十 元 角 分	
款项内容		托收凭据名称		附寄单证张数			
商品发运情况				合同名称号码			
备注： 收款人开户银行收到日期 年　月　日	上列款项随附有关债务证明，请予办理。 收款人签章			复核　记账			

此联收款人开户银行作贷方凭证

单据 4－21－4

托收凭证 （借方凭证） 3

委托日期　　年　月　日　　付款期限　　年　月　日

业务类型	委托收款（□邮划、□电划） 托收承付（□邮划、□电划）						
付款人	全称			收款人	全称		
	账号				账号		
	地址	省　市县	开户行		地址	省　市县	开户行
金额	人民币（大写）					亿 千 百 十 万 千 百 十 元 角 分	
款项内容		托收凭据名称		附寄单证张数			
商品发运情况				合同名称号码			
备注： 付款人开户银行收到日期 年　月　日	收款人开户银行签章 年　月　日			复核　记账			

此联付款人开户银行作借方凭证

单据 4－21－5

托收凭证 （汇款依据或收账通知） 4

委托日期　　年　月　日

付款期限　　年　月　日

业务类型	委托收款（□邮划、□电划） 托收承付（□邮划、□电划）				
付款人	全称		收款人	全称	
	账号			账号	
	地址	省　市县 开户行		地址	省　市县 开户行
金额	人民币（大写）				亿 千 百 十 万 千 百 十 元 角 分
款项内容		托收凭据名称		附寄单证张数	
商品发运情况			合同名称号码		
备注： 复核　　记账	上列款项已划回收入你方账户内 收款人开户银行签章 年　月　日				

此联付款人开户银行凭以汇款或收款人开户银行作收账通知

单据 4－21－6

托收凭证 （付款通知） 5

委托日期　　年　月　日

付款期限　　年　月　日

业务类型	委托收款（□邮划、□电划） 托收承付（□邮划、□电划）				
付款人	全称		收款人	全称	
	账号			账号	
	地址	省　市县 开户行		地址	省　市县 开户行
金额	人民币（大写）				亿 千 百 十 万 千 百 十 元 角 分
款项内容		托收凭据名称		附寄单证张数	
商品发运情况			合同名称号码		
备注： 付款人开户银行收到日期 年　月　日 复核　　记账	付款人开户银行签章 年　月　日	付款人注意：1.根据支付人结算办法，上列委托收款（托收承付）款项在付款期限内未提出拒付，即视为同意付款，以此代付款通知。2.如需提出全部或部分拒付，应在规定期限内，将拒付理由书并附债务证明退交开户银行。			

此联付款人开户银行给付款人按期付款通知

单据 4－25－1

银行存款余额调节表

丌户银行：　　　　　　　　　　账号：　　　　　　　　　　年　月　口止

摘要	凭证号	金额												摘要	凭证号	金额											
		十	亿	千	百	十	万	千	百	十	元	角	分			十	亿	千	百	十	万	千	百	十	元	角	分
银行存款日记账余额														银行对账单余额													
加：银行已收,企业未收														加：企业已收,银行未收													
1														1													
2														2													
3														3													
4														4													
3														3													
4														4													
5														5													
6														6													
7														7													
减：银行已付,企业未付														减：企业已付,银行未付													
1														1													
2														2													
3														3													
4														4													
5														5													
6														6													
7														7													
8														8													
9														9													
10														10													
11														11													
12														12													
调节后余额														调节后余额													

财务主管：　　　　　　　　　　　　制表：

单据 4－28－1

出纳报告单

单位名称：　　　　　　　　年　月　日至　　年　月　日　　　　　　编号

项目	库存现金										银行存款										有价证券										备注
	千	百	十	万	千	百	十	元	角	分	千	百	十	万	千	百	十	元	角	分	千	百	十	万	千	百	十	元	角	分	
上期结存																															
本期收入																															
合计																															
本期支出																															
本期结存																															

主管：　　　　记账：　　　　出纳：　　　　复核：　　　　制单：

库存现金日记账

第____页

年		凭证		摘要	借方											贷方											余额											核对
月	日	种类	号数		亿	千	百	十	万	千	百	十	元	角	分	亿	千	百	十	万	千	百	十	元	角	分	亿	千	百	十	万	千	百	十	元	角	分	
																																						□
																																						□
																																						□
																																						□
																																						□
																																						□
																																						□
																																						□
																																						□
																																						□
																																						□
																																						□
																																						□
																																						□
																																						□
																																						□
																																						□
																																						□
																																						□
																																						□

库存现金日记账

第＿＿页

年		凭证		摘要	借方											贷方											余额											核对
月	日	种类	号数		亿	千	百	十	万	千	百	十	元	角	分	亿	千	百	十	万	千	百	十	元	角	分	亿	千	百	十	万	千	百	十	元	角	分	
																																						□
																																						□
																																						□
																																						□
																																						□
																																						□
																																						□
																																						□
																																						□
																																						□
																																						□
																																						□
																																						□
																																						□
																																						□
																																						□
																																						□
																																						□
																																						□
																																						□

第____页

银行存款日记账

开户行：

账　号：

年		凭证		摘要	借方											贷方											余额											核对
月	日	种类	号数		亿	千	百	十	万	千	百	十	元	角	分	亿	千	百	十	万	千	百	十	元	角	分	亿	千	百	十	万	千	百	十	元	角	分	
																																						☐
																																						☐
																																						☐
																																						☐
																																						☐
																																						☐
																																						☐
																																						☐
																																						☐
																																						☐
																																						☐
																																						☐
																																						☐
																																						☐
																																						☐
																																						☐
																																						☐
																																						☐
																																						☐
																																						☐

第____页

银行存款日记账

开户行：

账　号：

年		凭证		摘要	借方											贷方											余额											核对
月	日	种类	号数		亿	千	百	十	万	千	百	十	元	角	分	亿	千	百	十	万	千	百	十	元	角	分	亿	千	百	十	万	千	百	十	元	角	分	
																																						☐
																																						☐
																																						☐
																																						☐
																																						☐
																																						☐
																																						☐
																																						☐
																																						☐
																																						☐
																																						☐
																																						☐
																																						☐
																																						☐
																																						☐
																																						☐
																																						☐
																																						☐
																																						☐
																																						☐

第＿＿页

银行存款日记账

开户行：

账　号：

年		凭证		摘要	借方											贷方											余额											核对
月	日	种类	号数		亿	千	百	十	万	千	百	十	元	角	分	亿	千	百	十	万	千	百	十	元	角	分	亿	千	百	十	万	千	百	十	元	角	分	
																																						□
																																						□
																																						□
																																						□
																																						□
																																						□
																																						□
																																						□
																																						□
																																						□
																																						□
																																						□
																																						□
																																						□
																																						□
																																						□
																																						□
																																						□
																																						□
																																						□

第____页

银行存款日记账

开户行：

账　号：

年		凭证		摘要	借方											贷方											余额											核对
月	日	种类	号数		亿	千	百	十	万	千	百	十	元	角	分	亿	千	百	十	万	千	百	十	元	角	分	亿	千	百	十	万	千	百	十	元	角	分	
																																						□
																																						□
																																						□
																																						□
																																						□
																																						□
																																						□
																																						□
																																						□
																																						□
																																						□
																																						□
																																						□
																																						□
																																						□
																																						□
																																						□
																																						□
																																						□
																																						□

学问通 xuewent.com

专业 创新 仿真

实训教材配套账号（学问通实训平台）使用说明

第一步：注册

登录学问通实训平台（www.xuewent.com），点击“登录/注册”，进入新用户注册页面， 输入手机号，获取验证码，按要求输入其他信息，完成注册。

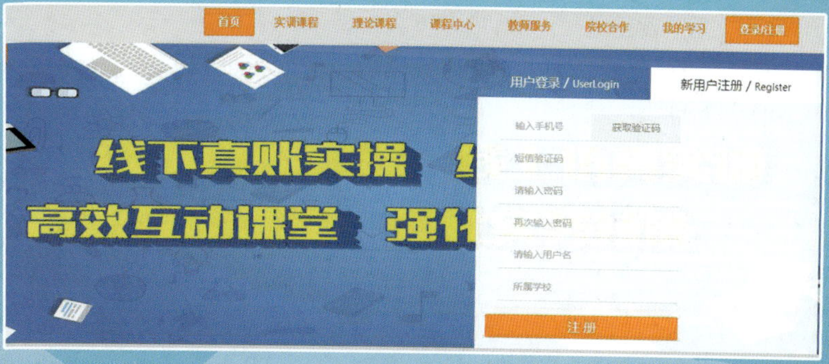

第二步：登录及激活课程

输入用户名和密码登录后，依次点击“我的学习”→“课程卡激活”，刮开实训教材封底的刮刮卡，输入课程激活码，激活相应课程。

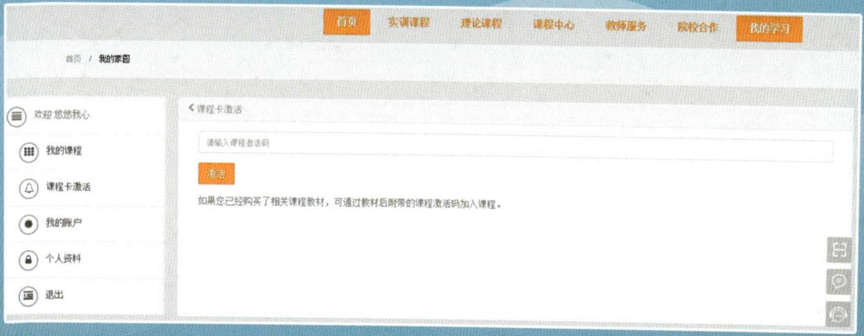

第三步：选择已激活的课程，开始学习

激活课程后，可在“我的课程”界面查看，选择相应课程后点击“进入学习”。

说明：本使用说明以税务会计实训课程为例，其他课程的操作与此相同。

学问通
xuewent.com

专业 创新 仿真

实训教材配套账号（学问通实训平台）使用说明

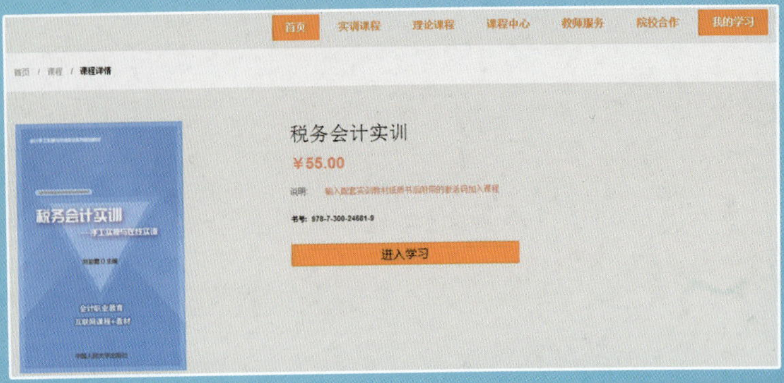

第四步：进入课程目录界面

进入课程目录界面后，点击“课件视频”观看讲解视频，点击“开始学习”进入实训。

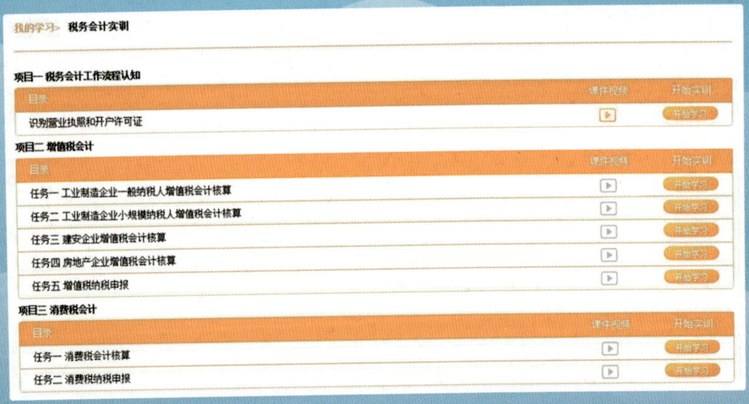

第五步：进入课程实训界面

进入课程实训界面后，根据任务说明和背景单据，完成相应的实训。

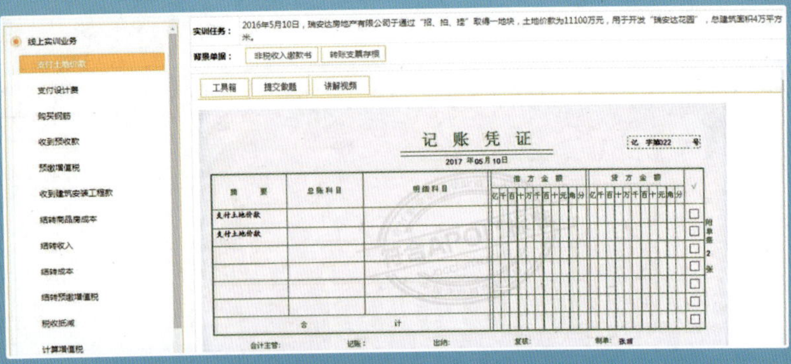